Fairness, Fouls und Freundschaft

Eckhard Hübner

FAIRNESS, FOULS UND FREUNDSCHAFT

15 Fußballgeschichten

Mit Illustrationen
von Evelin Graupe

Impressum

Am Hagen 34, 24247 Mielkendorf
Jahr: 2020

ISBN: 978-94-036-0430-5

Covergestaltung & Illustrationen: Evelin Graupe
@evchens.planet

Verlagsportal: *bookmundo*
Gedruckt in Deutschland

Die Deutsche Nationalbibliothek verzeichnet diese Publikation in der Deutschen Nationalbibliografie.

Inhalt

Das Elfmeterdrama

Schlusspfiff war nicht immer gleich Schlusspfiff. Doch jetzt begann auf alle Fälle der letzte Akt. Danach gab es nur noch riesige Freude oder vollkommene Leere. Das wussten alle, die sich jetzt um den Mittelpunkt des Spielfeldes versammelten. Egal, ob sie zu Schützen bestimmt worden waren oder nur die Daumen drücken konnten.

Wir standen im Endspiel um den Bezirkspokal. Dies war unsere letzte Chance, die Saison noch mit einem Erfolg abzuschließen. Die Punktspielserie hatten wir mit einem letztlich enttäuschenden dritten Platz beendet, nachdem wir lange Zeit Tabellenführer gewesen waren. Doch Verletzungspech, unglückliche Schiedsrichterentscheidungen (die vor allem) und Abschlussschwäche vor dem gegnerischen Tor hatten uns um den erhofften – und irgendwann auch erwarteten – Erfolg gebracht. Aber noch war ja nicht alles verloren. Zwar bestritten wir das Endspiel gegen den Meister unserer Liga, aber in den Punktspielen hatten wir die Mannschaft zweimal besiegt. Warum sollte uns das nicht auch heute gelingen?

Auch für mich selbst war die Saison keineswegs so verlaufen, wie ich es mir vorgestellt hatte. Ich hatte als Stammspieler begonnen, war durch eine Blinddarmoperation aber aus dem Rhythmus geraten und musste mich längere Zeit mit einem Platz auf der Auswechselbank begnügen. Erst in den letzten Wochen hatte ich wieder größere Spielanteile erhalten, stand die vergangenen beiden Begegnungen in der Anfangself und hatte mir meinen Stammplatz zurückerobert – so sah ich das jedenfalls. Und heute konnte ich auch meine persönliche Saisonbilanz entscheidend verbessern, sofern es uns gelang, den Bezirkspokal zu gewinnen.

Für ein Jugendspiel waren erstaunlich viele Zuschauer gekommen. Neben den üblichen Verdächtigen, also Verwandten, Bekannten, Freunden oder Angehörigen anderer Mannschaften beider Vereine, sah ich im Publikum auch Personen, deren Anwesenheit auf dem Fußballplatz mich doch ein wenig überraschte. Natürlich hatten wir in den letzten Tagen viel über das Endspiel geredet, den Einen oder Anderen auch direkt aufgefordert, einmal vorbeizukommen, doch gerechnet hatten wir nicht damit, dass derart viele unserer Aufforderung folgen würden. Besonders erfreut war ich über die Anwesenheit zweier unserer Lehrerinnen. Die eine, gleichzeitig Direktorin unserer Schule, war Sportlehrerin und hatte ihr Fußballwissen bereits häufig unter Beweis gestellt. Sie besaß sogar eine Dauerkarte beim Bundesligisten in der Landeshauptstadt. Aber dass sie jetzt bei uns erschien, war für mich schon eine Überraschung. Eine regelrechte Sensation allerdings stellte das Erscheinen von Frau Hauptmann dar. Sie war erst mit dem Beginn des Schuljahres zu uns gekommen, direkt aus dem Referendariat hieß es, und sie wurde bald schon zum Schwarm der meisten heranwachsenden Jungen – mich eingeschlossen. Sie wusste wohl um die überaus großen Sympathien, die ihr entgegengebracht wurden, aber sie verhielt sich immer sehr distanziert und mehr als ein kleines Lächeln hatte sie noch niemandem geschenkt. Auch unsere direkte Aufforderung nach der letzten Unterrichtsstunde (Bio), am Sonntag zum Spiel des Jahres doch einmal vorbeizukommen, hatte sie nur mit einem „Mal sehen" quittiert. Aber jetzt hatte sie mir sogar zugewinkt, und das spornte mich noch mehr an.

Wie nicht anders zu erwarten, war das Endspiel um den Bezirkspokal von Beginn an hart umkämpft. Ich gehörte zur Anfangsformation und gab sofort ordentlich Gas. Eine Flanke von mir verwandelte Sven mit einem wuchtigen Kopfball bereits nach einigen Minuten zu unserer Führung. Na also, es ging doch. Allerdings gewann unser Gegner mit der Zeit immer mehr die Oberhand, erzielte den Ausgleich und ging kurz vor der Pause sogar mit 2:1 in Führung. Aber wir kamen zurück. Die Halbzeitansprache unseres Trainers hatte uns nochmals motiviert, zwei Spielerwechsel sorgten für neuen Schwung und so setzten wir unseren Gegner kräftig unter Druck. Lohn unserer Anstrengungen war der Ausgleich, den Patrick mit einem verwandelten Elfmeter erzielte. Doch mitten in unsere Drangperiode hinein, als wir kurz vor der Führung zu stehen schienen, brachte ein Konter uns erneut ins Hintertreffen.

2:3, und die Zeit lief uns langsam davon. Es waren nur noch wenige Minuten zu spielen. Christoph, unser Mittelfeldmotor, trieb den Ball nach vorn, umdribbelte zwei Gegenspieler und passte mir den Ball im Strafraum zu. Eine kurze Drehung, ein satter Schuss unter die Latte – jubelnd drehte ich ab. Wir hatten nochmals den Ausgleich erzielt. Bis zum Abpfiff des Schiedsrichters passierte nichts mehr und so ging die Begegnung in die Verlängerung. Und die begann mit einem folgenschweren Vorfall. Tom, unser defensiver Mittelfeldspieler, der bereits die gelbe Karte gesehen hatte, foulte einen Gegner und musste mit Gelb-Rot den Platz verlassen. Damit hatten wir einen unserer wichtigsten Spieler verloren. Der Druck unseres Gegners wurde immer größer und so kam es, wie es kommen musste. Nach einer Ecke schafften wir es nicht, den Ball aus dem Strafraum zu befördern. Den ersten Schuss konnte unser Torwart noch abwehren, aber den Abpraller beförderte der gegnerische Mittelstürmer in die Maschen.

Damit war die Sache wohl gegessen. Ein Mann weniger auf dem Feld und in Rückstand, was war da noch zu machen. Aber ich wollte nicht aufgeben. In der Pause der Verlängerung ging ich zu jedem einzelnen meiner Mannschaftskameraden und munterte ihn auf. „Wir schaffen das noch, wir müssen nur an uns glauben. Die anderen meinen doch, schon gewonnen zu haben. Die werden überheblich spielen und das müssen wir ausnutzen!“ Unter aufmunternden Rufen begannen wir die zweite Halbzeit der Verlängerung. Doch trotz allen Einsatzes gelang es uns nicht, Chancen herauszuarbeiten. Die Zeit rannte uns davon und allmählich verlor auch ich die Hoffnung. Die gegnerische Deckung war einfach zu stark, sie ließ nichts mehr zu. Auch meine Mitspieler schienen den Glauben an eine Wende verloren zu haben.

Doch dann geschah genau das, worauf ich in der Halbzeitpause der Verlängerung hingewiesen hatte. Einer der Innenverteidiger des Gegners wollte den Ball lässig zum Torwart zurückspielen, doch er blieb mit seinem Schuh im Rasen hängen. Der Ball trudelte ganz langsam Richtung Torwart. Ich sah meine Chance, rannte, so schnell ich noch konnte, und erreichte den Ball vor dem heraus stürmenden Torwart. Mit der Fußspitze gelang es mir, den Ball am Torwart vorbei zu spitzeln. Der Ball rollte langsam Richtung Tor, doch von der Seite kam ein gegnerischer Spieler angerannt. Würde er die Kugel noch vor der Torlinie erreichen? Es schien so, aber er schaffte es nicht mehr, mit dem Fuß hinter den Ball zu kommen. Von seiner Fußsohle trudelte er ins eigene Tor. Ich konnte es kaum glauben. Wir hatten nochmals den Ausgleich erzielt und meine Fußspitze hatte entscheidend dazu beigetragen.

Kurze Zeit später pfiff der Schiedsrichter das Spiel ab. Ein Elfmeterschießen würde über den Sieg im Bezirkspokal entscheiden. Die beiden Trainer mussten jeweils fünf Spieler bestimmen, die einen Elfmeter schießen sollten. „Jaano, du gehörst natürlich dazu, zwei Tore erzielt und eines vorbereitet, da wirst du wohl auch vom Elfmeterpunkt treffen." Da war ich mir zwar nicht ganz so sicher wie unser Trainer, aber ich nickte natürlich zustimmend. „Du wirst den letzten Elfmeter schießen", fuhr unser Trainer fort, „ich habe vollstes Vertrauen zu dir." Das ehrte mich zwar, aber nun lastete auch noch mehr Verantwortung auf mir. Andererseits: Wenn mein Elfmeter die Entscheidung brächte, dann wäre ich … Damit wollte ich mich eigentlich gar nicht beschäftigen, doch der Gedanke ließ mich nicht mehr los. Ich inmitten einer Traube jubelnder Mannschaftskameraden, auf den Schultern des Trainers über den Platz getragen, den Pokal in die Höhe gereckt. „Jaano, nun träume nicht, die anderen sind alle schon am Anstoßkreis, der erste Spieler unserer

Gegner geht bereits zum Elfmeterpunkt."

Tatsächlich, ich stand als einziger noch am Spielfeldrand. Schnell rannte ich den anderen hinterher. Das Elfmeterschießen begann. Der erste Schütze der gegnerischen Mannschaft verwandelte sicher und auch Nils setzte den Ball in die Maschen. Dann schlug die Stunde unseres Torwarts. Einen keineswegs schlecht geschossenen Ball wehrte Christian mit einer sensationellen Parade ab. Und nachdem Eike unseren zweiten Elfer verwandelt hatte, führten wir mit 2:1. Zwei Strafstöße später stand es 3:2. Nur noch zwei Schützen jeder Mannschaft folgten. Ich gehörte dazu. Zunächst stellte unser Gegner den Gleichstand wieder her. Dann aber versagten Robin die Nerven. Er wollte es zu genau machen und setzte den Ball gegen den Pfosten. Damit stand es 3:3. Die Spannung war mit Händen zu greifen und meine Nervosität wuchs von Sekunde zu Sekunde. Würde ich die Ruhe bewahren? Ich wusste, die Augen aller Spieler und Zuschauer würden auf mich gerichtet sein auf meinem Weg zum Elfmeterpunkt.

Aber zunächst war die gegnerische Mannschaft am Zuge. Sollte ihr Schütze, der Mannschaftskapitän, nicht treffen, könnte ich mein Team zum Sieg schießen. Sollte er aber den Elfmeter verwandeln, musste ich auch erfolgreich sein, sonst wäre alles vorbei. Ich merkte, wie meine Beine langsam schwerer wurden, doch zunächst galt meine Aufmerksamkeit dem letzten Strafstoß des Gegners. Mist, er verwandelte ihn und schaute mir auf dem Rückweg zu seiner Mannschaft ganz cool in die Augen. „Du schaffst es sowieso nicht", las ich darin. Aber dann bemerkte ich das Schulterklopfen meiner Kameraden, hörte ihre Mut machenden Schreie und plötzlich wusste ich: Das schaffst du. Schnell lief ich auf den Elfmeterpunkt zu, schnappte mir den Ball, legte ihn zurecht und ging einige Schritte zurück, um Anlauf zu nehmen. Sollte ich die linke oder die rechte Ecke wählen? Ich musste mich jetzt entscheiden, durfte dem Torhüter aber keine Hinweise auf meine Entscheidung geben. Verflixt, war das schwierig. So viele Elfmeter hatte ich bislang nicht geschossen, und schon gar keinen, der so wichtig gewesen war wie dieser. Was, wenn ich versagte? Ich wurde immer unsicherer.

Der Schiedsrichter gab jetzt den Ball frei. Ich schaute den Torwart an, versuchte zu erkennen, wie er wohl reagieren würde und hatte plötzlich den Eindruck, dass das Tor kleiner geworden zu sein schien. Der Schiedsrichter schaute mich auffordernd an. Ich musste jetzt schießen, aber ich wusste immer noch nicht,

wohin. Langsam machte sich leichte Unruhe unter den Zuschauern breit. Jetzt galt es. Ich lief an und schoss den Ball genau in die Mitte des Tores – wo der Torhüter breit grinsend einfach stehen geblieben war und so keine Mühe hatte, den Ball abzuwehren. Seine Mannschaftskameraden stürmten sofort auf ihn zu, rissen ihn zu Boden und jubelten ohne Unterlass.

Ich hatte versagt. Alle meine Träume hatten sich in Luft aufgelöst. Ich wäre am liebsten im Boden versunken. Alle hatten sich auf mich verlassen und ich hatte sie alle enttäuscht. Meine Mannschaftskameraden kamen langsam auf mich zu. Man sah ihnen an, wie niedergeschlagen sie waren, auch wenn sie dies zu verbergen suchten und aufmunternde Worte an mich richteten. Aber es gab nichts zu beschönigen. Ich hatte der Verantwortung nicht standgehalten. Die Gedanken in meinem Kopf schienen nur noch um die Begriffe „Versager“, „Loser“, „Blindgänger“ zu kreisen. Ich wollte nur noch weg, den Sportplatz verlassen, niemanden mehr sehen, mich irgendwo verkriechen und … Ach, was weiß ich, was.

Langsam lehrte sich das Spielfeld. Irgendwann stand ich einsam und verlassen am Elfmeterpunkt. Da hörte ich plötzlich eine bekannte Stimme hinter mir. Ich drehte mich um und sah Frau Hauptmann vor mir stehen. Sie schaute mich mit einer derartigen Freundlichkeit und Sympathie an (völlig anders als in der Schule), dass mir ganz warm ums Herz wurde. Und dann verzichtete sie auch noch auf alle Sprüche, die Erwachsene sonst in einer Situation wie der meinen von sich geben – „war doch nur ein Spiel“, „das nächste Mal gewinnt ihr“, „das war einfach nur Pech“ – oder so was. Sie sagte etwas ganz Verblüffendes, etwas, das mir wieder ein wenig Kraft gab, ja, mich plötzlich mit ganz anderen Augen in die Zukunft blicken ließ. Sie sagte: „Auch wer verliert, kann zu den Gewinnern gehören.“

Besuch eines Profis

Niemand wusste davon. Er hatte alles allein arrangiert. Es sollte eine riesengroße Überraschung werden. Für die Mannschaft. Für den Trainer. Für die Eltern. Für den Verein. Für den Ort. Er hatte sich vorgestellt, wie alle staunten: Über den Besuch. Über ihn, der sich das alles ausgedacht hatte. Der Pläne angefangen und wieder verworfen hatte, der Briefe begonnen und dann in den Papierkorb befördert hatte. Der nicht aufgegeben hatte, nachdem er bei seinem ersten Versuch nur eine unpersönliche Absage erhalten hatte. Der sich damit nicht hatte abspeisen lassen wollen und auf eine eigenhändige Antwort des Profis gedrängt hatte. Der auch dann noch am Ball blieb, als gar keine Reaktion mehr auf seine Mails erfolgte (vom Briefeschreiben hatte er schon länger Abstand genommen). Und dem schließlich doch noch der Durchbruch gelungen war.

Er persönlich hatte die Zusage erhalten, in einer Mail, die seine höchsten Erwartungen übertroffen hatte. Wie oft hatte er den Ausdruck bereits gelesen, er kannte ihn nahezu auswendig, er trug ihn immer bei sich, achtete aber sorgfältig darauf, dass niemand ihn zu Gesicht bekam. Er konnte gar nicht sagen, welcher Satz ihm am meisten bedeutete. Erneut zog er ihn aus seiner Hosentasche und las: „Lieber Fabian, erst gestern habe ich von meinem Manager erfahren, dass du bereits seit einem halben Jahr versuchst, mit mir in Kontakt zu treten. Es tut mir sehr leid, dass du so häufig abgewiesen worden bist. Ich bekomme täglich so viel Post, dass es manchmal ohne vorgedruckte Antwort nicht geht. Und wenn die Angestellten meines Managers bemerken, dass jemand jede Woche einen Brief schreibt oder eine Mail schickt, verzichten sie irgendwann vollständig auf eine Erwiderung. Bei dir liegt der Fall aber natürlich ganz anders und deshalb bin ich froh, dir nicht nur persönlich antworten zu können, sondern dir auch das Versprechen zu geben, dass wir uns in allernächster Zeit einmal wiedersehen werden. Ich stelle mir das folgendermaßen vor: Vor eurem letzten Heimspiel werde ich euch in eurer Kabine aufsuchen, wir könnten kurz plaudern und dann werde ich euch aufs Spielfeld begleiten. Ich könnte auch den Anstoß vornehmen und würde euch dann von der Tribüne aus anfeuern. Nach dem Spiel – das ihr hoffentlich gewinnen werdet – lade ich dich und deine Mannschaft zum Essen ein. Danach gehen wir alle zusammen wieder auf den Sportplatz, trainieren gemeinsam, ich zeige euch den einen oder anderen Trick und wir machen ein kleines Spielchen. Und zum Schluss werde ich versuchen, all eure Fragen zu beantworten. Es soll aber alles eine große Überraschung werden. Also völliges Stillschweigen. Wir sehen uns in drei Wochen! Grüß mir ganz herzlich meinen Heimatverein, meinen Heimatort, meinen alten Trainer (dass der noch immer mit Jugendlichen arbeitet, hätte ich nie gedacht) und deine Eltern, an die ich mich immer wieder gern erinnere. Herzliche Grüße Dein Henrik Wegener."

Das war die Mail des vielfachen Nationalspielers gewesen, die bei Fabian Freudengefühle wie noch nie ausgelöst hatte. Aber seit gestern hatten die Worte nicht mehr die gleiche Bedeutung beziehungsweise sie waren eines Großteils ihres Wertes beraubt worden. Das vereinbarte Stillschweigen war gebrochen worden, der Überraschungseffekt völlig verpufft.

Was war geschehen? Henrik hatte seinem Manager von seinem geplanten Besuch bei seinem Heimatverein erzählt, aber vergessen, ihn zu bitten, dies Vorhaben nicht zu verraten. Der Manager sah in Henriks Absicht eine willkommene Gelegenheit, wirksame Öffentlichkeitsarbeit zugunsten des Nationalspielers zu betreiben. Henrik sollte als heimatverbunden dargestellt werden, als Förderer der Jugendarbeit, als jemand, der seine Herkunft und seine Wurzeln nicht vergessen hatte, kurzum als beispielhafter Sympathieträger. Um dieses Ziel zu erreichen, musste natürlich die Öffentlichkeit informiert und mobilisiert werden. Der Manager setzte also den Bürgermeister über Henriks Plan in Kenntnis, den Vereinsvorsitzenden und den Jugendwart. Zudem machte er die Medien mit Henriks Absicht bekannt und versuchte sogar, wenn auch vergeblich, Fabian in seine Kampagne einzubeziehen.

Morgen sollte der Besuch des Nationalspielers stattfinden, aber alles hatte sich über Nacht verändert. Fabians Überraschungscoup hatte sich in Luft aufgelöst. Jetzt hatten andere die Planung übernommen. Ein großer Bahnhof für Henriks Empfang war in Vorbereitung. Der Bürgermeister wollte eine Rede auf den Sohn des Ortes halten, auch der Vereinsvorsitzende hatte um ein kurzes Grußwort gebeten. Sogar die Landrätin hatte ihr Erscheinen in Aussicht gestellt. Die regionale Zeitung war mit Journalisten und Fotografen in den Ort eingefallen. Henriks Manager hatte alle Zimmer des kleinen Hotels gebucht. Das Vereinsheim glänzte wie lange nicht mehr. Der Rasen des Sportplatzes war gepflegt wie derjenige in Bundesligastadien. Alle verfügbaren Fahnen und Wimpel waren rund um das Sportgelände angebracht worden. Man wollte den Ort in bestmöglichem Licht erscheinen lassen.

Nur derjenige, dem dies alles zu verdanken war, hatte keinen Platz in den Vorbereitungen gefunden – und er wollte sich auch nicht als schmückende Ergänzung in diesen Reigen einbeziehen lassen. Lustlos schlenderte Fabian durch die Straßen. Er überlegte ernsthaft, ob er morgen überhaupt auf dem Sportgelände erscheinen sollte. Die Überraschung war ja sowieso schon keine mehr. Aber morgen würde er doch untergehen in dem gesamten Trubel. Keiner würde ihn, dem das Ganze zu verdanken war, noch wahrnehmen, geschweige denn, ihm den ihm seiner Meinung nach gebührenden Platz zukommen lassen. Nein, er sollte wirklich der gesamten Veranstaltung fernbleiben.

Schade nur, dass nun auch seine Eltern nicht mehr so in den Tagesablauf einbezogen werden konnten, wie er sich das vorgestellt hatte. Sie waren es schließlich gewesen, die einen Gutteil dazu beigetragen hatten, dass Henrik die notwendigen Voraussetzungen am Beginn seiner Karriere vorgefunden hatte. Er war nach jedem Training bei ihnen zu Gast gewesen, hatte häufig auch dort übernachtet und bisweilen sogar auf den kleinen Fabian aufgepasst. Henriks Eltern hatten sich bereits kurz nach seiner Geburt getrennt. Seine Mutter, mit der Henrik zusammen in einem Nachbardorf wohnte, arbeitete im Schichtdienst und war deshalb unregelmäßig zu Hause. Sie fand sowieso, dass Henrik dem Fußball viel zu viel Zeit opferte. So waren Fabians Eltern und er selbst mit der Zeit zu einer Ersatzfamilie für Henrik geworden. Fabian hatte sich die Freude seiner Eltern lebhaft vorstellen können, wenn er ihnen ein Wiedersehen mit Henrik ermöglicht hätte. Aber auch daran war jetzt nicht mehr zu denken. Henrik würde den ganzen Tag von Würdenträgern, Journalisten und Wichtigtuern belagert werden. Er selbst und seine Mannschaft würden bestenfalls Mitläufer sein, Nebendarsteller an einem Tag, dessen Ablauf sich Fabian ganz, ganz anders vorgestellt hatte.

Nein, er würde dieser gesamten Veranstaltung fernbleiben. Sollte doch der Manager seine Show abziehen, der Bürgermeister sich im Blitzgewitter der Fotografen sonnen und das gesamte Dorf sich auf dem Sportplatz einfinden – er selbst würde sich an diesem Treiben nicht beteiligen. Dieser Entschluss machte Fabian das Herz etwas

leichter, auch wenn die Traurigkeit nicht gänzlich verschwand. Da klingelte plötzlich Fabians Handy. Eine ihm unbekannte Nummer erschien auf dem Display. Fabian meldete sich und musste zu seinem Erstaunen feststellen, dass er mit Henrik verbunden war. „Da sind unsere Pläne ja mal völlig in die Grütze getreten worden, das tut mir sehr leid, Fabian", hörte er Henrik sagen. „Ich bin daran ja wahrlich nicht schuldlos. Aber wir können doch versuchen, den Karren gemeinsam aus dem Dreck zu ziehen, was meinst du, Fabian?" „Aber wie soll das denn gehen", antwortete Fabian. „Der ganze Ort wartet doch auf dich, alles ist vorbereitet. Du wirst da wohl hingehen müssen. Und ich selbst verkrieche mich morgen in unserem Gartenhaus." „Das kommt überhaupt nicht in Frage", widersprach Henrik, „um den Bürgermeister und das gesamte Drumherum wird sich mein Manager kümmern. Der hat uns das Schlamassel schließlich eingebrockt, weil er ohne Absprache mit mir diesen Rummel in Gang gesetzt hat. Er hat auch schon bestimmte Vorstellungen, aber die sind für uns uninteressant. Wir wollen doch sehen, dass wir uns morgen einen runden, schönen gemeinsamen Tag machen. Was hältst du davon, Fabian?"

Fabians Herz begann bei diesen Worten höher zu schlagen. „Das wäre ganz toll, aber wie soll das gehen und wer soll dazu gehören?" „Ach, ich habe da so eine Idee", hörte Fabian jetzt wieder Henriks Stimme. „Einzelheiten musst du noch nicht wissen, aber ich brauche deine Hilfe bei der Planung. Kann ich also auf dich zählen?" „Natürlich, klar, was soll ich machen?" fragte Fabian mit vor Aufregung zitternder Stimme. „Zunächst einmal musst du alle, die mitmachen sollen, zu vollständigem Stillschweigen verdonnern", wies Henrik ihn an. „Punkt sieben Uhr morgen früh wird auf dem kleinen Waldparkplatz ein Bus stehen. In den steigt ihr ein, und zwar alle deine Mannschaftskameraden, deine Eltern, auf die freue ich mich besonders, und dein Trainer, der ja auch mich vor einer Reihe von Jahren trainiert hat. Ich werde schon in dem Bus sitzen. Alles klar soweit?" „Ja, das sollte zu schaffen sein", meinte Fabian, und jetzt war Vorfreude in seiner Stimme zu hören. „Ach ja, eines habe ich noch vergessen, Fabian. Außer guter Laune braucht ihr nichts mitzubringen. Für das leibliche Wohl und alles Sonstige sorge ich. Noch Fragen? Sonst bis morgen", hörte Fabian ein letztes Mal Henriks Stimme. „Bis morgen, und schon mal vielen Dank, Henrik", beendete Fabian das Telefonat.

Na, das war ja eine Überraschung. Mit dieser Wendung hatte Fabian überhaupt nicht gerechnet. Aber es war doch mal eine freudige Nachricht. Und je mehr Fabian über das, was er soeben von Henrik erfahren hatte, nachdachte, umso mehr gerieten seine Gedanken in Wallung, ja sie machten regelrechte Luftsprünge. Nun konnte doch noch ein Großteil seiner Pläne und Wünsche in die Tat umgesetzt werden. Und dass auch er nicht über alles informiert war, was der nächste Tag bringen würde, machte das Ganze noch interessanter.

Pünktlich um sieben Uhr am nächsten Morgen startete der Bus vom Waldparkplatz. Die Geheimhaltung hatte hundertprozentig geklappt. Henrik hatte jeden seiner Gäste mit Handschlag begrüßt, Fabian und seine Mitspieler, den Trainer und Fabians Vater. Fabians Mutter hatte er sogar in den Arm genommen und ihr einen Kuss auf die Wange gegeben. Es wurde ein einzigartiger, ein denkwürdiger Tag, den alle in vollen Zügen genossen. Und Henrik, der vielfache Nationalspieler, schrieb am Abend auf seiner Facebook-Seite: „Fabian, ich danke dir und allen anderen, die heute dabei waren, für unvergesslich schöne Stunden."

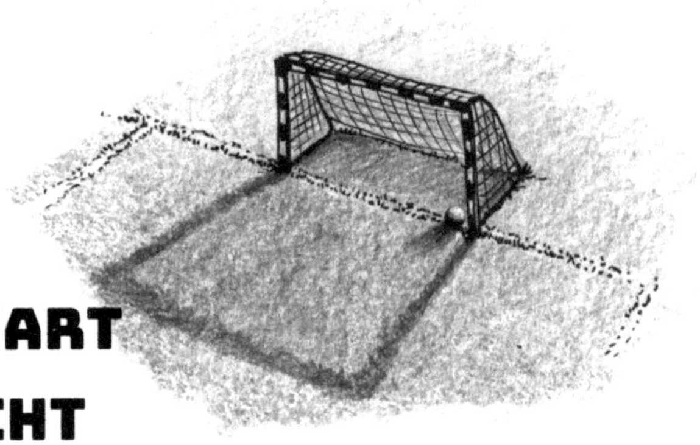

Ohne Torwart geht es nicht

Sie saßen zu fünft auf dem Rasen. „Ich war gestern in der Geschäftsstelle unseres Sportvereins“, berichtete Linus. „Dort sagte man mir, dass mindestens neun, besser noch zehn Spieler benötigt werden, um eine Fußballmannschaft am Spielbetrieb teilnehmen zu lassen.“ „Aber wo sollen wir die denn herkriegen“, rätselte Jannis. „Wir wissen doch, dass in unserer Schule nur noch Grotten herumlaufen, die vom Fußballspielen null Ahnung haben. Dann müssen wir das Ganze wohl knicken.“ „Na ja, Arne wäre vielleicht zu gebrauchen. Mit dem Ball kann er zwar nicht so gut umgehen, aber er ist schnell und wirft sich in jeden Zweikampf“, sinnierte Finn. „Doch selbst wenn er mitmachen würde … Es fehlen immer noch drei, vier Spieler.“

„Wie wäre es denn, wenn wir uns mal bei den Mädchen umsehen. In manchen Vereinen spielen Mädchen in Jungenmannschaften mit. Und die sollen manchmal gar nicht so schlecht sein“, schlug Ben leise vor und schaute fragend in die Runde. Aber er sah nur allgemeines Kopfschütteln. „Wir wollen doch auf einem gewissen Niveau spielen. Da können wir nicht Novizinnen partizipieren lassen", entgegnete Sebastian, genannt Basti. Er gab sich häufig betont intellektuell und benutzte deshalb gern Fremdworte. Nicht selten aber – und so auch in diesem Fall – musste er seine Gedanken dann wiederholen und andere Ausdrücke wählen, damit alle verstanden, was er gemeint hatte. „Also, was machen wir nun", fragte Linus, der sich selbst für so etwas wie den Anführer der fünf hielt. „Kicken wir nur hier auf dem Bolzplatz weiter, oder versuchen wir, von irgendwo her – woher weiß ich auch nicht – noch Spieler zu bekommen? Die Zeit drängt übrigens, denn im August startet die nächste Saison und bis Mitte Juni müssen die Mannschaften gemeldet werden. Uns bleiben also nur noch gut vier Wochen."

„Wir können ja alle noch mal überlegen", schlug Basti vor, der Linus nicht kampflos das Feld des Anführers überlassen wollte. „Für heute ist sowieso Schluss, ich soll um sechs zu Hause sein. Wir können ja aber bei unseren Eltern mal fragen, ob sie eine Idee haben", ergänzte er und freute sich, einen sinnvollen Vorschlag gemacht zu haben. „Manchmal haben die ja durchaus konstruktive Ideen", fügte er noch hinzu und schaute in die Runde. Als er aber nur fragende Gesichter erblickte, erläuterte er schnell: „Äh, ich meinte nützliche Ideen."

Nun waren alle einverstanden. Sie machten sich gemeinsam auf den Heimweg und schlenderten die Hauptstraße entlang, als sie zwei Jungen erblickten, die sich auf einem Parkplatz gegenseitig den Ball zuspielten. „Kennt jemand die", erkundigte sich Ben und sah sich fragend um. „Ich habe die hier noch nie gesehen." Die anderen vier Jungen schüttelten den Kopf. „Aber Ferien sind zur Zeit nirgends. Sie müssen also irgendwo in der Nähe zur Schule gehen", sinnierte Basti. „Und wenn dem so ist, wären sie potentielle – äh, ich meinte infrage kommende – Mitspieler. Wollen wir uns nicht einfach mal erkundigen, wo sie herkommen und ob sie Lust hätten, bei uns mitzuspielen? Mir scheint, dass sie durchaus mit dem Ball umgehen können."

Der Vorschlag stieß auf allgemeine Zustimmung. Nun war es aber wieder Linus, der das Kommando übernahm und an der Spitze der fünf Fußballer auf den Parkplatz zusteuerte. Und was sie dann erfuhren, hörte sich höchst erfreulich an. Die beiden Jungen zählten zu einer Gruppe von Siedlern, die nur einige Kilometer entfernt, in einem Waldstück, eine kleine Ortschaft gegründet hatten, mit Kindergarten und kleiner Schule (irgendwas von Waldorf murmelten die beiden noch), aber noch keinen Einkaufsmöglichkeiten, weshalb sie bisweilen hier Geschäfte aufsuchen mussten.

„Ah ha, dort werden also alternative Lebensformen praktiziert", sinnierte Basti, um nach einem Blick auf seine Kameraden hinzuzufügen: „Erkläre ich euch später". Aber die beiden Jungen nickten zustimmend, erfreut, dass sie nicht wie sonst zumeist lange erklären mussten, warum ihre Eltern in die Einsamkeit gezogen waren. Doch das war für die fünf Fußballer auch gar nicht wichtig. Entscheidend war doch, ob sich die beiden Jungen vorstellen könnten, mit ihnen zusammen in einer Mannschaft zu spielen. Dann wären sie immerhin schon sieben und ihrem Ziel, am Spielbetrieb teilzunehmen, etwas näher gekommen.

„Sagt mal", begann Linus zögernd, „wir haben gesehen, dass ihr ganz gut mit dem Ball umgehen könnt. Wir fünf wollen gern eine Fußballmannschaft bilden, aber uns fehlen noch einige Spieler. Könnt ihr euch vorstellen, bei uns mitzumachen? Dann wären wir immerhin schon sieben." Bei diesen Worten begannen die beiden Jungen, heftig zu nicken. „Na klar, da machen wir mit. Das wird bestimmt ganz toll. Und es gibt in unserer Siedlung noch zwei weitere Jungen in unserem Alter, mit denen wir dort draußen häufig zusammen spielen. Sie sind auch gar nicht schlecht. Ich könnte mir gut vorstellen, dass sie auch dabei sind."

„Aber was werden eure Eltern denn dazu sagen", warf Basti ein. „Wenn ihr manche Nachmittage hier bei uns und nicht mehr in der Siedlung seid..." „Ach, das dürfte kein Problem sein", entgegnete der größere der beiden, der sich inzwischen als Jonas vorgestellt hatte. „Wir schwärmen unseren Eltern einfach von der Gemeinschaft und dem Gemeinschaftsgefühl vor, und wenn sie Gemeinschaft hören, werden sie hellauf begeistert sein und sofort ihre Zustimmung geben." „Und wenn wir dann noch Arne fragen", griff Finn seinen Gedanken von vor einigen Minuten wieder auf, „dann wären wir zehn Spieler. Linus könnte schon morgen zur Geschäftsstelle gehen und darum bitten, uns für den Spielbetrieb anzumelden." „Nun mal langsam", warf erneut Basti ein, „da müssen vorher noch einige Voraussetzungen erfüllt sein. Wir benötigen die Zustimmung von Arne und seinen Eltern sowie", mit diesen Worten wandte er sich an Jonas und den neben ihm stehenden Marten, „die Zusage eurer beiden Freunde und deren Eltern. Und schließlich", Basti ließ sich etwas Zeit, um die Bedeutung seiner folgenden Worte hervorzuheben, „schließlich fehlt uns noch ein Trainer."

„Das letzte Problem ließe sich wohl lösen", hörte man jetzt die Stimme des sonst eher schüchternen Ben. „Ich habe meinem Bruder von unseren Absichten erzählt. Er ist 18, spielt in der A-Jugend unseres Vereins und besitzt schon einen Führerschein.

Er würde den Trainerposten übernehmen, wenn ihr alle einverstanden seid.“ „Na, das ist doch wunderbar“, ertönte es aus Linus‘ Mund. Er sah die Gelegenheit gekommen, wieder einmal als Anführer aufzutreten. „Du, Jonas, fragst eure beiden Freunde und klärst die Sache mit euren Eltern. Du, Finn, redest mit Arne und siehst zu, dass er dabei ist. Und du, Ben, sprichst mit deinem Bruder. Sag ihm, dass wir uns sehr über seine Bereitschaft freuen. Er kann schon mal Trainingspläne erstellen. Wir treffen uns übermorgen wieder auf dem Bolzplatz, hoffentlich dann zu zehnt und mit allen nötigen Zusagen.“

Gesagt, getan. Und tatsächlich fanden sich zehn fußballbegeisterte Jungen auf dem Bolzplatz ein. „Na, dann ist ja alles klar“, tönte Linus, „ich kann uns auf der Geschäftsstelle für den Spielbetrieb anmelden und Bens Bruder kann den Tag für das erste Training festlegen. Wir müssen uns schließlich noch einspielen.“ „Nichts ist klar“, schrie Jonas dazwischen, „wir sind zwar zehn Spieler, aber wir haben keinen Torwart. Oder will sich einer von euch zwischen die Pfosten stellen“, fragte er die Umstehenden. Einer nach dem anderen schüttelte den Kopf. „Seht ihr“, fuhr Jonas fort, „ich habe auch keine Lust auf Torwart. Und deshalb haben wir ein großes Problem, denn ohne Torwart geht es nicht.“ Alle nickten, aber niemand meldete sich zu Wort, um eine Lösung anzubieten.

Ratlos schauten sie einander an. Das konnte doch nicht wahr sein. So kurz vor dem Ziel. Und nun sollte alles am fehlenden Torwart scheitern. Aber ohne ging es nicht, das war klar. Sollten sie also aufgeben und sich mit dem Bolzplatz begnügen? Nein, das kam gar nicht in Frage. „Man könnte vielleicht", begann Rasmus, einer der beiden Neuen aus der Siedlung, „man könnte vielleicht, aber nein, das hat keinen Sinn". „Was denn, nun sag schon", forderte ihn Linus auf, „eine bescheuerte Idee ist immer noch besser als gar keine. Und vielleicht ist sie ja gar nicht so bescheuert." „Na ja, ich dachte, vielleicht könnte man Flyer verteilen, an eurer großen und unserer kleinen Schule, so mit ..."

„So mit Anforderungsprofil, jahrelanger Torwarterfahrung und Ähnlichem", warf Basti belustigt ein, „den würden wir doch kennen, auf den das zuträfe, der wäre doch schon längst bei uns. Oder bei euch in eurer kleinen Siedlung", fügte er hinzu.

Daraufhin verfielen alle wieder in minutenlanges Schweigen. Schließlich war es Linus, der erklärte: „Offensichtlich hat niemand eine Idee. Lediglich Rasmus hat einen Vorschlag unterbreitet. Ich gebe ihm auch keine Erfolgsaussichten, aber es ist immer noch besser, als gar nichts zu tun. Rasmus, wenn du mir hilfst, können wir beide einen Flyer erstellen, darauf einen Tag benennen, wann wir uns mit Torwartinteressenten treffen wollen, und den Flyer an unseren Schulen verteilen."

Eine Woche später fanden sich alle zehn Fußballer wieder auf dem Bolzplatz ein. Jetzt würde sich zeigen, ob der Flyer Erfolg gebracht hatte. Alle hofften, dass zumindest einige Torwartbegeisterte den Platz betreten würden, doch es tat sich – nichts. Verzweifelt schauten sich die zehn Jungen an. Das durfte doch nicht wahr sein. Nicht ein einziger war zum Probetraining erschienen. Damit konnten sie ihr Projekt wohl beerdigen. Ohne Torwart ging es wirklich nicht.

Doch da schlenderte jemand auf sie zu, selbstbewusst lächelnd. Die Jungen trauten ihren Augen nicht. Da kam ein Mädchen ihres Alters auf sie zu, den Jungen aus der Siedlung keineswegs unbekannt, bekleidet mit einem Torwarttrikot. Es stellte sich vor den Jungen auf, grinste jeden einzeln an und sagte dann: „Na, mir scheint, ich bin eure letzte Rettung, denn es ist wohl niemand sonst gekommen, um den Torwartposten bei euch zu übernehmen."

„Ja aber", stotterte Bastian, dem es entgegen seiner sonstigen Schlagfertigkeit nahezu die Sprache verschlagen hatte, „du bist doch ein Mädchen, und da willst du unsere harten Schüsse parieren, dich in den Dreck werfen, Bälle aus nächster Nähe halten und …"

„Erstens", fiel ihm das Mädchen ins Wort, immer noch selbstbewusst lächelnd, „erstens weiß ich, was auf mich zukommt. Zweitens habe ich Erfahrung, zwar nicht im Fußball- aber im Handballtor. Und drittens sollte man sich doch erst einmal zeigen lassen, wozu jemand in der Lage ist, bevor man ihr die Fähigkeit abspricht." „Ganz recht", pflichtete Jonas seiner Mitbewohnerin aus der Siedlung bei, die er gleichzeitig als Svenja vorstellte. Und auch die anderen Jungen nickten. „Fang nicht wieder mit deinem Niveau an, Basti", betonte Linus, jetzt wieder ganz der Anführer. „Wir befinden uns in einer Notsituation. Schauen wir uns doch einmal Svenjas Torwartkünste an. Ich finde es schon mal toll, dass sie gekommen ist, um uns zu helfen. Und als Handballtorwart – oder wohl besser -torfrau – darf man schließlich auch keine Angst vor Würfen aus nächster Nähe haben."

Auch wenn Svenja nicht jeden Schuss hielt und die Ballgröße ihr ein wenig Schwierigkeiten bereitete (sie war schließlich anderes gewohnt), die Jungen gerieten nach und nach in wahre Begeisterung über die Leistung ihrer Torfrau. „Damit sind wir vollzählig, jetzt kann es losgehen und wir werden bestimmt nicht viele Tore hinnehmen müssen", wandte sich Linus, vor Vorfreude grinsend, an Svenja. Und eine letzte Bemerkung an Basti konnte er sich auch nicht verkneifen: „Ich befürchte, mein lieber Basti, jetzt werden wir an unserem Niveau ein wenig arbeiten müssen."

Elternwünsche

Lustlos stocherte er in seinem Essen. Morgen war schon wieder so ein Tag, an dem er am liebsten gar nicht aufstehen, zumindest aber von morgens bis abends in seinem Zimmer bleiben wollte. Dort könnte er ungestört seiner Lieblingsbeschäftigung nachgehen. Aber nein, er musste wieder zum Sportplatz und dem verflixten Ball hinterherrennen. Wer sich solch einen Sport bloß ausgedacht hatte.

„Schmeckt dir das Essen heute nicht, Miro", fragte ihn seine Mutter. Sie meinte es ja gut mit ihm, das wusste Miro, aber den Ton gab sein Vater an. Und in einem ganz bestimmten, ihn betreffenden Punkt waren sich seine Eltern ausnahmsweise einmal vollständig einig: Aus ihm sollte mal ein richtig guter Fußballer werden, einer, dem sie zujubeln konnten und der die Zuschauer in Begeisterungsstürme ausbrechen ließ. Miro hatte die Erzählungen seiner Eltern schon so oft gehört. Wie sie über Jahre hinweg kein Heimspiel ihrer Lieblingsmannschaft verpasst, was sie auf Fahrten zu Auswärtsspielen alles erlebt, wie sie Siege ausgelassen bejubelt hatten. Und nun erwarteten sie von ihm, dass er quasi an die Stelle ihrer Lieblingsmannschaft trat und sie sich mit ihm über seine Siege freuen konnten. Aber da gab es mehr als ein Problem.

„Kommst du, Miro, die Übertragung beginnt gleich. Du willst doch nicht den Anstoß unseres Teams verpassen, oder", brüllte sein Vater aus dem Wohnzimmer. Es wollte Miro einfach nicht gelingen, seinem Vater klar zu machen, dass Fußball ihn nicht interessierte – weder im Fernsehen noch auf dem Sportplatz. Wenn er von seinen frustrierenden Erlebnissen beim Training berichtete, war die einzige und immer gleiche Reaktion seines Vaters: „Kopf hoch, mein Junge, das wird schon werden. Ich hatte auch Anfangsschwierigkeiten, bevor aus mir doch noch ein ganz passabler Fußballer wurde. Weißt du noch, Sabine, wie unser Trainer mich im Aufstiegsspiel auswechseln wollte. Aber dem habe ich meine Meinung gesagt und dann noch das Siegtor erzielt." Sabine, Miros Mutter, nickte wie immer begeistert und ergänzte: „Und nach dem Schlusspfiff haben sie dich auf Schultern zu uns Fans getragen und in die Luft geworfen."

Für Miro war es ein schrecklicher Gedanke, von seinen Mitspielern in die Luft geworfen zu werden. Und auch mit seinem Trainer wollte er nicht streiten. Der hatte sowieso nur Augen für die guten Fußballer. Alle anderen waren für ihn nur Mitläufer, die dazu dienten, die notwendige Anzahl von Spielern auf den Platz zu bekommen. Wie war Miro allein dieses Getue vor Spielbeginn verhasst! Kreis bilden, Arme um die Schultern der Nebenstehenden, Kopf nach vorn, die einschwörenden Worte des Trainers und schließlich der gemeinsame Schrei, um vollen Einsatz zu bekunden. Nein, entschied Miro, das musste er sich nicht länger geben.

Er ging ins Wohnzimmer und sagte zu seinem Vater: „Können wir uns mal kurz unterhalten, nur ein paar Minuten?“ Sein Vater riss entsetzt die Augen auf und antwortete mit verständnisloser Miene: „Aber doch nicht jetzt. Gerade haben wir Anstoß gehabt. Komm, setz dich, reden können wir nach dem Spiel. Jetzt heißt es erst mal mitfiebern.“ Aber Miro wusste aus langer Erfahrung, was es hieß, nach dem Spiel zu reden. Entweder sein Vater war siegestrunken und dann schnell auch angetrunken, oder er war so verärgert aufgrund der schwachen Leistung seiner Mannschaft, dass er sich erst einmal bei der Gartenarbeit abreagieren musste. Sein Versprechen, mit Miro zu reden, hatte er dann lange vergessen.

Leider hatte Miro mit seinen Vorstellungen von Freizeitgestaltung und Lieblingsbeschäftigung auch bei seiner Mutter bislang nicht landen können. Sie hörte ihm zwar zu, tat auch immer verständnisvoll, versprach bisweilen sogar, mit ihrem Mann zu reden, aber das war es dann auch. So wie jetzt. Sie hatte zwar Miros Wunsch, kurz mit seinem Vater zu sprechen, vernommen, doch auch sie interessierte jetzt nur noch das Spiel ihrer Mannschaft. Miro schlich leise aus dem Zimmer. Immerhin wurde er jetzt nicht mehr zurückgerufen wie noch vor kurzer Zeit.

Neben dem Schreibtisch in seinem Zimmer stand eine von ihm selbst gebastelte Staffelei. Dort hielt er sich am liebsten auf und zeichnete, malte, tuschte. Er hatte erst nach und nach begriffen, dass seine zeichnerischen Fähigkeiten weit über dem Durchschnitt lagen. Anfangs hatte es ihm einfach nur Spaß bereitet, Figuren in den unmöglichsten Positionen zu zeichnen, Bäume nicht aus dem Boden, sondern aus dem Himmel wachsen, Autos senkrecht fahren und Hunde auf einem Bein laufen zu lassen. Inzwischen aquarellierte er auch sehr gern und neulich hatte er das erste Mal seine Staffelei unter den Arm genommen, um den Garten mitsamt seiner Umgebung naturgetreu wiederzugeben. Mit dem Ergebnis war er sehr zufrieden gewesen.

Warum konnte man ihn nicht machen lassen, was er wollte, wozu er Lust hatte? Warum musste er immer noch dem blöden Ball hinterher laufen, obwohl doch schon lange klar war, dass er nicht den geringsten Spaß daran hatte. Irgendwie musste er es schaffen, seine Eltern davon zu überzeugen, dass man sein Kind nicht zu etwas zwingen sollte, was ihm keine Freude bereitete. Er hatte doch auch nicht vor, seinen Eltern ihre Begeisterung für den Fußball zu vermiesen. Aber vielleicht konnte man ja das Eine mit dem Anderen verbinden? Miro überlegte angestrengt. Auf einmal zuckte ein Gedankenblitz durch seinen Kopf. Wie wäre es, wenn ... Nein, das musste er erst noch einmal überdenken, bevor er zur Tat schritt. Schließlich könnte das weitreichende Konsequenzen haben, die bedacht werden mussten. Und doch – als er seine Eltern „Tor, Tor" schreien hörte, da wusste er, das war nicht seine Welt. Er musste seinen Weg gehen und versuchen, das Beste daraus zu machen.

Am nächsten Morgen ging Miro vom Frühstückstisch in sein Zimmer, um – wie sein Vater glaubte – seine Fußballtasche zu holen, denn wie jeden Sonntag sollte es gemeinsam zum Spiel des Sohnes gehen. Miro aber trug nach seiner Rückkehr lediglich seine Staffelei und ein Malset in den Händen. „Was soll das denn, wo sind denn deine Fußballsachen, bist du jetzt völlig durchgeknallt", fauchte ihn sein Vater mit hochrotem Kopf an. „Ihr habt heute ein wichtiges Spiel, da wirst du gebraucht, die ganze Mannschaft setzt auf dich", fuhr er lautstark fort. „Sieh zu, dass du deine Sachen herbeischaffst, wir fahren gleich los."

Miro versuchte, ruhig zu bleiben, so wie er es sich in der großenteils schlaflosen letzten Nacht vorgenommen hatte. „Papa, hör mir bitte einen Augenblick zu, ohne dazwischen zu schreien. Mit dem Trainer habe ich bereits gesprochen. Er hat vollstes Verständnis für meine Entscheidung, mit dem Fußballspielen aufzuhören. Er hätte diesen Schritt schon viel früher von mir erwartet. Und für die Mannschaft wird es sicherlich auch eher Erleichterung als Enttäuschung sein. Man hat mich doch nur so mitgeschleppt. Jeder wusste, dass ich nur nicht den Mut hatte, mit dir zu streiten. Aber jetzt will ich bitte das tun, was mir Spaß macht und Freude bereitet."

Miros Vater öffnete den Mund, aber er brachte kein Wort heraus. Hilflos schaute er sich um. Die deutliche Absage seines Sohnes an eine Fußballkarriere traf ihn hart, ja sie brachte seine Zukunftsträume jäh zu Fall. Irgendwie aber dämmerte es ihm im Hinterkopf, dass er seine Träume und die Zukunft seines Sohnes in einem solchen Maße miteinander verwoben hatte, dass es Miro zum Aufbegehren veranlasst hatte. Noch aber wollte er nicht aufgeben. „Sabine, nun sag doch auch mal was. Das kann doch nicht wahr sein, das Miroslav uns das antut", wandte er sich an seine Frau. Zum ersten Mal seit vielen Jahren hörte Miro seinen vollständigen Vornamen aus dem Munde seines Vaters. Namensvorbild war der frühere Mittelstürmer der Nationalmannschaft, Miroslav Klose, gewesen.

Miros Mutter druckste erst herum, schaute verlegen zur Seite, doch dann schien sie sich den Ruck zu geben, um den ihr Sohn sie am Morgen in sehr ernstem Ton gebeten hatte. „Matthias, es ist nun mal so, dass Miro kein Talent zum Fußballspielen besitzt. Insgeheim wissen wir beide das doch schon länger, aber wir wollten es uns nicht eingestehen. Wir müssen Miro, so schwer es uns beiden auch fallen mag, wohl zugestehen, dass er alt genug ist, um selbst zu entscheiden, wie er seine Freizeit gestalten will." Miros Vater schluckte. Nun fiel ihm seine Frau auch noch in den Rücken. „Aber was will er denn mit der ganzen Zeit anfangen? Noch mehr auf seinen Zeichenblöcken rumkritzeln?"

„Matthias, nun reiß dich mal zusammen. Miros Zeichnungen sind ganz toll. Er hat mir in der vergangenen Woche einige vorgelegt und ich war wirklich überrascht, wie ausdrucksstark sie sind. Miro zeigt sie dir sicherlich auch gern, wenn du das möchtest. Aber nun müssen wir zum Sportplatz. Wir wollen doch das Spiel von Miros Mannschaft nicht verpassen. Und unser Sohn hat mir versprochen, einige Spielszenen als Zeichnung zu Papier zu bringen." Miro schaute zu seinem Vater. Jetzt kam es drauf an. Klappte sein Plan, oder würde sein Vater explodieren?

Gespenstische Stille trat ein. Miro und seine Mutter warteten auf eine Reaktion des Vaters. Dieser schien unheimlich mit sich zu ringen. Zwei Mal schon hatte er seinen Mund geöffnet, um ihn sogleich wieder zu schließen. Worauf deuteten seine zerfurchte Stirn, sein bebender Nasenflügel und sein zuckender Mundwinkel hin? Schließlich entsprang seinem Mund ein leises und gequältes „Gut, fahren wir erst einmal zum Spiel. Danach reden wir noch einmal.“ Miro atmete auf. Das war doch schon mal was. Vielleicht klappte sein Plan ja doch. Eine Trumpfkarte hatte er schließlich noch in der Hinterhand.

Auf dem Sportplatz angekommen, stellte Miro sofort seine Staffelei auf und begann zu zeichnen. Dass seine Mannschaft das Spiel deutlich gewann, bemerkte er kaum; zu vertieft war er in seine Zeichnungen, mit denen er seinen Vater von seinem Talent überzeugen wollte. Nach dem Spiel traten seine Eltern mit langsamen Schritten an seine Staffelei. „Na, dann zeig mal her, was du zuwege gebracht hast.“ Miro reichte seinem Vater klopfenden Herzens einige Bilder. Er fand sie ganz ansehenswert, und auch die Miene seines Vaters hellte sich langsam auf. „Ganz ordentlich“, murmelte er vor sich hin und stutzte plötzlich. „Was ist das denn für ein Bild? Das bin ja ich.“ „Ja, in voller Aktion“, lachte Miros Mutter, „so sah das aus, wenn du dich früher durch die Gegner getankt hast.“ „Na ja, Sabine, nun übertreib mal nicht“, erwiderte ihr Mann, doch man sah ihm an, dass ihm diese Worte – und auch das Bild – Freude bereiteten. Nun versuchte Miro, den Deckel drauf zu machen. „Papa, ich habe hier noch einige Bilder, die dich in Aktion zeigen, so wie Mama es mir beschrieben hat. Willst du sie auch mal anschauen?“ Wortlos ergriff sein Vater die Bilder. Lange und eingehend betrachtete er sie.

Da glaubte Miro plötzlich eine kleine Träne im Augenwinkel seines Vaters zu entdecken. Sollte sein Plan wirklich aufgegangen sein? Fragend blickte er seinen Vater an.

Dieser schaute erst zu Boden, tastete dann nach der Hand seiner Frau und legte seine andere Hand auf Miros Schulter. „Miroslav, ich hatte einen Traum, einen verdammt großen Traum. Aber er lässt sich wohl nicht verwirklichen. Es dürfte wirklich besser sein, wenn du dich zukünftig mit dem beschäftigst, was du ganz offensichtlich ganz gut kannst. Ich werde dir dabei keine Steine mehr in den Weg legen. Und vielleicht gibt es ja auch noch mal ein Bild von mir." Miro nickte seinem Vater zustimmend zu und umarmte ihn dann. Sein Plan war in einem Maße aufgegangen, wie er es selbst nicht erwartet hatte.

Nichts ist mehr wie früher

Er schaute immer wieder aus dem Fenster, obwohl er es eigentlich gar nicht wollte. Dort draußen liefen sie, tobten, schrien und taten genau das, was auch er wollte. Aber nicht mehr konnte. Dort draußen spielten sie Fußball, sein Spiel seit vielen Jahren. Aber jetzt nicht mehr. Es schmerzte ihn zu sehen, mit welcher Begeisterung sie dem Ball nachjagten – so wie auch er immer Vollgas gegeben hatte. Aber das war vorbei, endgültig vorbei. Nie hatte er ein Spiel vor dem Abpfiff verloren gegeben, nie hatte er den Glauben an sich und seine Mannschaft verloren, immer bis zur letzten Minute gekämpft. Aber jetzt hatte er einen Kampf verloren, den wohl wichtigsten in seinem Leben. Und dieses Mal war es nicht um den Fußball gegangen, der ihm so viel bedeutete, sondern um seinen Körper, der ihn im Stich gelassen, schmählich allein gelassen hatte.

Dabei war alles so schön gewesen, über viele Jahre hinweg. Angefangen hatte es im eigenen Garten, der zwar nicht sehr groß war, aber für einen zweijährigen Jungen doch genügend Platz bot, um gegen den Ball zu treten. Wobei, das gestand er sich inzwischen ein, die ersten Ballberührungen kaum darauf hindeuteten, dass er den Ball einige Jahre später als seinen besten Freund bezeichnen würde. Das anvisierte Ziel wurde zumeist verfehlt, anfangs war er sogar froh, den Ball überhaupt zu treffen und nicht nur Luftlöcher zu produzieren. Aber die Faszination des Balles ließ ihn nicht mehr los und sehr bald machten sich Fortschritte bemerkbar. Sein Vater jedenfalls, der in der ersten Zeit sein bevorzugter Spielpartner war – ein anderer war auch gar nicht da – meinte, aus ihm könne durchaus etwas werden, sofern er weiterhin fleißig trainiere.

Und das tat er. Bald war die Rasenfläche des Gartens nicht mehr groß genug, um seinen fußballerischen Fähigkeiten hinreichend Raum zu geben. Das jedenfalls machte ihm sein Vater klar, nachdem von der Blumenpracht am Rande des Rasens kaum noch etwas übrig geblieben war. Also begab er sich jetzt jeden Nachmittag auf einen Bolzplatz, der unweit des elterlichen Hauses gelegen war. Die Vormittage waren in seinen Augen vergebene Zeit, denn im Kindergarten fanden sich nur wenige Fußballinteressierte und niemand, der ihm auch nur annähernd das Wasser reichen konnte. Nachmittags allerdings sah das anders aus, denn die Jungen – und auch einige Mädchen – waren in der Regel mindestens doppelt so alt wie er und da musste er sich anfangs ganz schön strecken. Aber schon bald konnte er nicht nur gut mithalten, nein, er spielte viele der anderen Kinder regelrecht schwindlig. Und so kam es, wie es kommen musste: Als sein Vater ihn eines Tages auf dem Bolzplatz dribbeln und schießen sah, sagte er zu dem Sechsjährigen: „Hier verschwendest du dein Talent. Ich werde dich in einem Fußballverein anmelden. Dort hast du einen Trainer, der dir sicherlich noch viel zeigen kann. Dort findest du Mitspieler, mit denen du dich messen kannst. Und dort triffst du auf Mannschaften, die nicht so leicht zu besiegen sein werden wie deine Gegner auf dem Bolzplatz."

Gesagt, getan. Doch auch in den Vereinsmannschaften, denen er in den nächsten Jahren angehörte, zählte er immer zu den Fähigsten, zumeist war er wohl der Beste – so sah er sich und so hörte er es auch immer wieder von Mitspielern, Eltern und bald auch von Auswahltrainern. Und dabei war es alles keine Belastung, er spielte einfach nur für sein Leben gern Fußball. Dass dabei die eine oder andere Beschäftigung etwas zu kurz kam (die Hausaufgaben, das Zimmer-Aufräumen oder Familienausflüge), war in seinen Augen durchaus zu verschmerzen. Solange er seinem geliebten Ball nachjagen und Tore schießen konnte, gab es eigentlich nichts, was ihm fehlte.

Ja, inzwischen war aus ihm ein Goalgetter geworden, der Tore am Fließband produzierte. Nichts machte ihm mehr Freude, als jubelnd abzudrehen, sobald der Ball das Tornetz ausbeulte und seine Mitspieler auf ihn zustürmten. Er war jedes Jahr Torschützenkönig in seiner Spielklasse. Er gab den Ton an in Auswahlmannschaften und nicht wenige Zuschauer seiner Spiele sahen ihn am Anfang einer vielversprechenden fußballerischen Karriere stehen. Und er selbst träumte auch davon, bis, ja bis plötzlich nichts mehr so war wie in den vergangenen Jahren.

Dabei war zunächst Alles wie erhofft verlaufen. Talentspäher hatten Kontakt zu seinem Verein und seinen Eltern aufgenommen, die regionale Presse war voll des Lobes über ihn, Plätze in Fußballinternaten wurden angeboten und seine Entwicklung mit derjenigen aktueller Nationalspieler verglichen. Und dabei war er bei aller Kampf- und Einsatzbereitschaft auf dem Platz doch ein ruhiger, ja bescheidener Junge geblieben, dem die Lobeshymnen keineswegs zu Kopf gestiegen waren. Er war nicht der Wortführer in den Mannschaften, in denen er spielte. Er hielt sich lieber im Hintergrund und war neben dem Platz eher Mitläufer als Anführer. Seine überragenden fußballerischen Fähigkeiten hatten ihn nicht arrogant werden lassen. Nein, er war beliebt und fühlte sich überall wohl, bis zu dem Zeitpunkt, als alles anders wurde.

Warum hätte es nicht so weitergehen können wie in den vorangegangenen Jahren? Es war doch alles gut gewesen. Niemand hatte voraussehen können, dass er plötzlich nicht mehr der Schrecken der gegnerischen Abwehrreihen war, dass sein Name nicht mehr unter den Torschützen auftauchte, ja, dass er nicht einmal mehr auf dem Platz stand. Manchmal träumte er davon, wie es hätte weitergehen können. Seine Eltern wären sicher einverstanden gewesen, wenn er den Wunsch geäußert hätte, auf ein Fußballinternat zu gehen. Er hätte das Training noch weiter gesteigert, hätte mit ebenso talentierten Jungen hart daran gearbeitet, sich immer weiter zu verbessern und seinen Traum von einer Profikarriere Wirklichkeit werden zu lassen. Und wenn er dann noch weiter träumte, sah er sich in den großen Fußballstadien stehen, umjubelt von Zehntausenden und stolz darauf, es so weit geschafft zu haben. Und ganz, ganz selten erlaubte er sich einmal die Vorstellung, wie es wohl gewesen wäre, wenn eines Tages sein Handy geklingelt und der Bundestrainer ihn zum nächsten Lehrgang der Nationalmannschaft eingeladen hätte. Dann wären all seine Träume in Erfüllung gegangen.

Und jetzt? Er gestattete sich noch einmal einen Blick aus dem Fenster auf den Fußballplatz, wo seine früheren Mitspieler noch immer trainierten. Seine Augen wanderten von der kleinen Tribüne, auf der seine Eltern jedes seiner Spiele verfolgt hatten, über das Fangnetz hinter einem der Tore hinein in seinen Aufenthaltsraum. Sie blieben bei den vielen Pokalen hängen, die ihm überreicht worden waren, betrachteten die zahlreichen Siegerurkunden und schauten schließlich auf den Tisch, an dem er saß. Darunter verbarg sich sein ganzes Leid. Ein Fuß hatte amputiert werden müssen. Seitdem konnte er sich nur noch an Krücken fortbewegen.

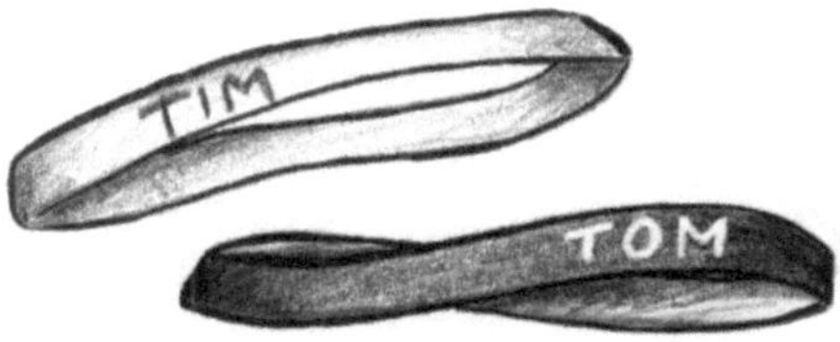

Wer ist wer?

Verärgert über sich selbst blickte er in die Runde. Schon wieder war es ihm passiert. Das durfte doch irgendwann nicht mehr wahr sein. Sein Blick wanderte zu den umher stehenden Mädchen und Jungen, die er seit fast zwei Jahren trainierte. Es waren gute Fußballer darunter. Es machte ihm Spaß, mit den Jugendlichen zu arbeiten und auch bisweilen abseits des Sportplatzes Unternehmungen zu starten. Wenn da bloß nicht die beiden gewesen wären. Zugegeben, sie waren fähige Fußballer, ballsicher und mit einem ordentlichen Schuss ausgestattet. Sie bildeten, zusammen mit drei, vier anderen, den Kern der Mannschaft. Deshalb musste er ihnen auch häufig etwas zurufen, sie korrigieren oder loben, und das konnte er natürlich nur, wenn er sie mit ihrem Namen anredete. Und da begann die Schwierigkeit.

Wenn es nur die Ähnlichkeit des Namens gewesen wäre, damit hätte er leben können. Zwar bestand der Unterschied nur in einem Buchstaben, aber er hätte die Vornamen Tim und Tom schon den richtigen Personen zugeordnet. Doch wer war der jeweils richtige Junge? Sie glichen einander wie ein Ei dem anderen – was nicht verwunderlich war, denn sie waren eineiige Zwillinge. Trotz aller Bemühungen hatte er keinen Unterschied in ihrem Aussehen ausmachen können. Da sie auch nicht bereit waren, verschiedene Kleidung zu tragen, hatte er kaum einen Anhaltspunkt, mittels dessen er den richtigen Namen hätte zuordnen können. Und die Nummer auf der Vorderseite der Trikots war derart klein (max. 3,5 cm), dass sie vom Spielfeldrand aus unmöglich zu erkennen war. Warum Toms und Tims Mitspielerinnen und Mitspieler eine geschätzt neunzigprozentige Trefferquote bei der Nennung der Vornamen landeten, war ihm von Anfang an ein Rätsel gewesen. Er selbst, so vermutete er, dürfte bei etwa 15 Prozent liegen, und diesen Wert hatte er in den zurückliegenden zwei Jahren nicht verbessern können.

Da stand er nun also und blickte in zahlreiche leicht grinsende Gesichter. Es war immer derselbe Ablauf: Erst trat gespenstische Stille ein, dann zuckten bei einigen die Mundwinkel, ein Lachen trat in die Augen und schließlich konnte irgendjemand nicht mehr an sich halten, prustete los und die gesamte Mannschaft stimmte ein. So war es auch dieses Mal. Und er selbst schloss sich immer dem allgemeinen Gelächter an, weil es irgendwie ja auch witzig war und er seine Verlegenheit auf diese Weise am besten verbergen konnte.

Wenn die Mannschaft im Kreis um ihn herumstand, konnte er noch mit der Methode des Fingerzeigens arbeiten oder einfach beide Namen nennen: „Tim oder Tom, du schießt jetzt den Eckball.“ Aber wenn sie auf dem Spielfeld herumwirbelten, musste er schon wissen, wen er ansprechen wollte. Wenn er zum Beispiel rief: „Tim, komm aus dem Abseits raus“, und irgendwo in der eigenen Spielhälfte schaute jemand ganz verdutzt den

Trainer an, dann wusste er, dass er wieder einmal falsch gelegen hatte. Besonders peinlich wurde es, wenn er sich selbst sofort korrigieren wollte, nachdem er gemerkt hatte, dass ihm erneut ein Irrtum unterlaufen war. „Tom, äh nein, Tim, äh du da", und er zeigte mit dem Finger auf das Spielfeld, was zur Folge hatte, dass die halbe Mannschaft zum Trainer blickte und dem Gegner deshalb tatsächlich das eine oder andere Tor gelang. Dann musste der Trainer sie nach dem Spiel alle auf ein Eis einladen.

„Wir müssen da jetzt mal etwas ändern", erklärte der Trainer mit lauter Stimme. „Ich habe zwei Jahre lang versucht, euch auseinander zu halten, und es ist die ganze Zeit hinweg nicht besser geworden. Könntet ihr euch nicht etwas unterschiedlich kleiden?" „Das kommt überhaupt nicht in Frage", erwiderte Tom, „gleiche Kleidung ist unser Markenzeichen und darauf werden wir nicht verzichten." Tim nickte beifällig. „Einer kann sich ja die Haare blau färben", rief Jakob in die Runde. Alle lachten bei der Vorstellung, einen der beiden Zwillinge mit blauen Haaren über den Rasen flitzen zu sehen. „Oder einer lässt sich eine Glatze rasieren", schrie Mats. „Ein großer roter Punkt auf der Stirn sähe auch fesch aus", beteiligte sich nun als erstes Mädchen Andrea an den Vorschlägen. „Dann müsste Tom oder Tim aber immer mit dem Gesicht zum Trainer über das Feld laufen", wandte Thomas ein. „Oder unser Trainer müsste immer um den Platz rennen um zu erkennen, wo sich der rote Punkt gerade befindet", kicherte Leonie.

„Mal ernsthaft, Leute, gibt es nicht irgendeine Möglichkeit, dieses Problem aus der Welt zu schaffen? Es müsste doch auch in eurem Interesse liegen, dass ich nicht andauernd den falschen Vornamen rufe und dadurch ein Durcheinander anrichte. Könntet ihr nicht zum Beispiel verschiedenfarbige Schuhe tragen?" wandte sich der Trainer an die Zwillinge. „Oder einer trägt ein Trikot mit langen Ärmeln, der andere mit kurzen Ärmeln? Oder einer spielt mit Handschuhen?" Die Zwillinge schüttelten einhellig den Kopf. Es schien ihnen tatsächlich Freude zu bereiten, den Trainer ein wenig zu ärgern. Sonst hätten sie einen seiner Vorschläge doch zumindest einmal ausprobieren können.

„Nun gut", gab sich der Trainer vorläufig geschlagen. „Ich werde nochmals über die Angelegenheit nachdenken. Vielleicht fällt mir ja noch etwas Besseres ein. Ich möchte euch ungern zu etwas zwingen, Tim und Tom, aber so wie bisher kann es auch nicht weitergehen. Es wird wohl so kommen, dass ihr meinen nächsten Vorschlag akzeptieren müsst. Lasst uns jetzt aber mit dem Training fortfahren. Wir bilden jeweils Dreiergruppen und …" Der Trainer schaute verdutzt auf die Jungen und Mädchen seiner Mannschaft. Was hatte er denn jetzt schon wieder Falsches gesagt? Alle Kinder grinsten, aber sie blickten nicht ihn an, sondern an ihm vorbei auf etwas, dass sich hinter seinem Rücken befand. Langsam drehte sich der Trainer um – und glaubte, seinen Augen nicht zu trauen. Dort kamen zwei Mädchen auf ihn zu, die einander glichen wie, ja wie Tim und Tom. Wollte man ihn jetzt auf den Arm nehmen, oder was passierte hier gerade?

„Wir wollten einmal schauen, ob wir bei euch mitmachen können", sagte eines der beiden Mädchen und gab dem Trainer die Hand. „Ich bin die Resi", ergänzte sie. „Und ich die Rosi", fügte der andere Zwilling hinzu und begrüßte den Trainer ebenfalls. „Wir sind vor kurzem aus München hierher gezogen. Dort haben wir in einer gemischten Fußballmannschaft mitgespielt und es wäre toll, wenn wir bei euch einsteigen könnten." Die Mädchen sahen erst den Trainer, dann ihre zukünftigen Mitspieler an und hofften, bei allen ein Kopfnicken zu sehen – wurden allerdings enttäuscht. Dem Trainer war die Situation derart unangenehm, dass sein Kopf rot anlief und er nicht mehr als ein gestammeltes „Äh, ja, mal sehen, durchaus ..." hervorbrachte. Die Mädchen und Jungen der Mannschaft hingegen begannen ihr schon bekanntes breites Grinsen, das in einem wiehernden Gelächter endete. Verwirrt blickten die beiden Münchnerinnen einander an. Was war denn der Grund für dieses Lachen? Sie konnten doch kaum etwas Falsches gesagt haben. Und warum stotterte der Trainer so herum? Er könnte sich doch zumindest einmal ein Bild von ihren fußballerischen Fähigkeiten machen.

Für Aufklärung sorgten Tim und Tom, die sich zunächst bewusst im Hintergrund gehalten hatten und nun nach vorn traten. „Unser Trainer hat kleine Probleme mit eineiigen Zwillingen", erklärte Tom den Mädchen. „Deshalb hat er auch nicht begeistert gejubelt, obwohl wir noch einige weitere Spieler durchaus gebrauchen könnten. Es bereitet ihm arge Schwierigkeiten, uns beide auseinander zu halten. Na ja, ehrlich gesagt gelingt es ihm eher selten. Und nun sieht er wohl eine Verdoppelung seines kleinen Problems."

„Das kennen wir", grinste Rosi. „Unserem Münchner Trainer ging es genauso. Aber er wusste sich zu helfen. Anfangs hat immer nur eine von uns gespielt. So musste sich unser Trainer nur merken, wen er gerade aufs Feld geschickt hatte." „Das funktioniert bei uns nicht, Tim und Tom sind unverzichtbar für das Team, sie stehen in aller Regel beide auf dem Platz", wandte der hiesige Trainer ein. „Ja, vor dieser Schwierigkeit stand man in München irgendwann auch. Wir gehörten zu den besseren Spielern und sollten möglichst häufig und lange spielen. Deshalb hat der Trainer festgelegt, dass ich das Spielfeld immer mit einem Pferdeschwanz betrete, Resi hingegen ihre Haare immer hochbindet. So war eine Unterscheidung kein Problem." „Tim mit Pferdeschwanz", gluckste Anna, „das wäre großes Kino." „Da bräuchte sich Tom die Haare gar nicht mehr hochzubinden", ergänzte Sven lachend.

Der Trainer hatte inzwischen seine Fassung weitgehend zurückgewonnen. „Zeigt uns doch erst einmal, was ihr überhaupt draufhabt. Das Zwillingsproblem muss ja so oder so gelöst werden. Es spielt also keine große Rolle, mit wie vielen Zwillingspärchen ich es zu tun habe. Da wir uns alle lange nicht bewegt haben, laufen wir erst zwei Runden und treffen uns dann zum Schusstraining am Tor." Alle machten sich lauffertig. Resi holte noch ein Stirnband aus der Hosentasche, um ihre langen braunen Haare etwas zu bändigen.

„Wahnsinn", schrie der Trainer plötzlich, „Wahnsinn, Wahnsinn, das ist die Lösung. Warum bin ich nicht früher darauf gekommen. Das ist doch so was von naheliegend." Alle versammelten sich erneut um ihren Trainer. Welche Eingebung hatte er denn plötzlich gehabt? Neugierig warteten sie auf eine Erklärung. Der Trainer spannte sie noch ein wenig auf die Folter, bis er ihnen seine Idee erläuterte: „Ab dem nächsten Spiel tragen alle Zwillinge ein Stirnband, und zwar in unterschiedlichen Farben. Dann weiß ich jeweils, mit wem ich es zu tun habe. Eines müsst ihr vier mir aber versprechen. Ihr dürft niemals die Stirnbänder untereinander austauschen."

Das Nachbarschaftsduell

Es wäre eigentlich nur eine normale Begegnung von vielen gewesen, das Spiel gegen die Mannschaft aus dem Nachbarort. Sicherlich, einige Spieler kannten sich aus der weiterführenden Schule, aber das besaß für sie keine größere Bedeutung. Wenn früher so etwas wie Rivalität hineingebracht worden war, dann von außen, von den Zuschauern. Da hatte man schon mal Sprüche hören können wie: „Ihr konntet noch nie mit uns mithalten“, oder „Spielt doch bei uns, dann gewinnt ihr auch mal“. Uns hatte das aber weder besonders motiviert noch zu einer unfairen Spielweise angestachelt.

Doch dieses Mal war alles anders. Ich spürte selbst, wie nervös ich war. Würde alles gut gehen, würden die beiden Ruhe bewahren? Oder würden sie sich gegenseitig so lange hochschaukeln, bis es zur Explosion kam? Ich hielt beides für möglich, denn ich kannte die beiden so gut wie sonst kaum jemand. Sie waren beide exzellente Fußballer, aber jeder wollte besser als der andere sein. Keiner von beiden gönnte dem anderen einen Erfolg. Dabei hatten sie anfangs durchaus ein freundschaftliches Verhältnis zueinander gehabt. Ich konnte das besser als jeder andere beurteilen, denn wir waren im Ort als Dreierbande bekannt, die alles gemeinsam unternahm. Felix und ich waren bereits seit dem Kindergarten befreundet, und als Lasse in die Familie kam, war es das Naheliegendste, dass er sich uns anschloss. Felix und Lasse waren nämlich Stiefbrüder, Felix' Vater hatte in zweiter Ehe Lasses Mutter geheiratet.

Wir drei passten wirklich gut zueinander, konnten über die gleichen Witze lachen, hatten viele gemeinsame Interessen und fanden die gleichen Leute cool oder uncool. Das ging so lange gut, bis wir gemeinsam entschieden, uns der örtlichen Fußballmannschaft anzuschließen. Felix und Lasse hatte bereits auf dem Bolzplatz gezeigt, dass sie für ihr Alter hervorragende Fußballer waren. Meine eigenen Fähigkeiten waren demgegenüber etwas begrenzter. Aber das machte nichts, denn so hatte ich keinerlei Veranlassung, mich an dem Konkurrenzkampf zu beteiligen, der bald einsetzte. Felix wie Lasse wollten in allen Trainingseinheiten der Beste sein, den härtesten Schuss besitzen, die präzisesten Flanken schlagen, die sehenswertesten Kopfbälle zeigen. Anfangs wirkte der Wettstreit durchaus leistungsfördernd, auch der Trainer feuerte sie immer wieder an. Doch mit der Zeit gönnte keiner dem anderen mehr etwas, spitze Bemerkungen nahmen zu und im Training ging es zwischen den beiden immer härter zur Sache. Der Trainer hatte es versäumt, rechtzeitig einzuschreiten, und stand der immer unerfreulicher werdenden Auseinandersetzung nun hilflos gegenüber.

Auch ich selbst geriet immer häufiger in eine missliche Lage. Beide, Felix wie Lasse, wollten mich auf ihre Seite ziehen. Ich sollte mich für einen von ihnen entscheiden. Inzwischen war es nämlich dazu gekommen, dass sich die Konkurrenz beim Fußballspielen auf Familie, Schule, Freundschaften, ja auf alle Felder, in denen man miteinander in Berührung kommen konnte, ausgedehnt hatte. Und jeder sollte sich für den einen oder anderen entscheiden. Wer dies nicht tat, zu dem brach einer der beiden den Kontakt ab. Was in unserer Fußballmannschaft dazu führte, dass sich zwei Lager bildeten. Zwangsläufig wuchs die Anzahl der unschönen Szenen beim Training, bis es irgendwann zum Knall kam. Felix und Lasse hatten sich wieder einmal beharkt, erst mit Worten, dann waren sie handgreiflich geworden. Der Trainer musste dazwischen gehen und sprach nun endlich ein Machtwort: „So kann es nicht bleiben. Ihr könnt euren persönlichen Streit nicht länger in die Mannschaft hineintragen. Einer von euch beiden muss aus dem Team ausscheiden."

Lasse reagierte sofort. „Mir stinkt das hier schon lange. Immer soll ich an allem schuld sein. Macht euren Scheiß doch allein. Ihr werdet schon sehen, was ihr davon habt. Man hat mich schon gefragt, ob ich nicht den Verein wechseln wolle. Woanders weiß man meine Fähigkeiten eben zu schätzen. Ich werde mich dem Verein im Nachbarort anschließen, und zwar ab sofort."

Und gegen diese Mannschaft sollten wir heute antreten. Felix auf der einen, Lasse auf der anderen Seite. Und ich? Lasse hatte mir gar keine Wahl gelassen. „Entweder du schließt dich mir an", hatte er mir zugebrüllt, nachdem er seinen Vereinswechsel verkündet hatte, „oder es ist aus zwischen uns, ein für alle Mal." Nachdem ich, weil ich noch fassungslos über das soeben Gehörte war, nicht sofort geantwortet hatte, erklärte Lasse: „Das war's dann." Und seitdem hatten wir nur das Allernotwendigste miteinander gesprochen.

So standen wir uns jetzt gegenüber, Felix und ich in der einen, Lasse in der anderen Mannschaft. Ich wünschte mir sehr, dass nichts passierte, aber irgendwie ahnte ich, dass es heute nicht ohne Stress abgehen würde. Zumal zu allem Überfluss der angesetzte Schiedsrichter nicht erschienen war, sodass – mit Zustimmung der gegnerischen Mannschaft – der Betreuer unseres Teams dieses Amt übernahm.

Zunächst aber schienen meine Befürchtungen grundlos zu sein. Es entwickelte sich ein zwar hartes, aber keineswegs unfaires Spiel. Der Nachbarverein ging mit 1:0 in Führung, aber wir konnten noch vor der Halbzeitpause den Ausgleich erzielen. Felix und Lasse hatten zwar einige Kabinettstückchen gezeigt, aber waren noch gar nicht in Kontakt miteinander gekommen. Man konnte sogar den Eindruck gewinnen, sie würden einander mit Absicht aus dem Weg gehen.

Dies änderte sich Anfang der zweiten Halbzeit. Zunächst war es eine eher harmlose Situation, in der die beiden aneinander gerieten. Der Schiedsrichter hatte auf Eckball für uns entschieden, eine zweifellos falsche Entscheidung, die der Schiri aber nicht zurücknehmen wollte. Als Lasse daraufhin mit sehr, sehr deutlichen Worten seinen Unmut ausdrückte, eilte Felix hinzu und wollte gerade zu einer scharfen Entgegnung ansetzen, als der Schiedsrichter sagte: „Es gibt Abstoß." Er wusste natürlich um die Streitereien zwischen Felix und Lasse. Als Betreuer unserer Mannschaft hatte er sie ja hautnah miterlebt und so reagierte er blitzschnell. Dadurch konnte er eine drohende Auseinandersetzung gerade noch verhindern.

Doch die Stimmung war nun eine andere geworden. Immer

wieder fielen abwertende Ausdrücke wie „Weichei", „Blindgänger" oder „Schwalbenkönig". Und auch die Foulspiele häuften sich. Felix und Lasse mussten zwar einiges einstecken, aber noch waren sie nicht aneinandergeraten. „Vielleicht geht ja doch alles gut", dachte ich gerade, als Lasse mit einem Aufschrei zu Boden ging. Was war geschehen? Felix war von Lasse getunnelt worden und hatte diesen dann von hinten von den Beinen geholt. Ein klares Foul und der Schiedsrichter eilte auch schon mit der gelben Karte in der Hand herbei, doch Lasse war der Meinung, dass eine andere Entscheidung getroffen werden müsste. „Das war doch rot, klar rot. Von hinten in die Beine, da kann man doch nur rot geben. Du wirst nur geschont", wandte er sich an Felix, „weil der Schiri aus eurem Verein kommt. Sonst würdest du jetzt vom Platz schleichen müssen und wir würden den Rest deiner Truppe weghauen."

Felix trat auf Lasse zu, ihre Gesichter waren nur noch wenige Zentimeter voneinander entfernt, ihre Arme zuckten, als wollten sie jeden Moment aufeinander einschlagen. Glücklicherweise trat der Schiedsrichter sofort zwischen sie, Mannschaftskameraden zogen die Kontrahenten voneinander fort und die Situation beruhigte sich – zunächst. Es dauerte allerdings nur wenige Minuten, bis beide wieder aneinander gerieten. Dieses Mal hatte Lasse gefoult und Felix wälzte sich schreiend auf dem Boden. Ich hatte Lasses Vergehen aus nächster Nähe gesehen und hielt es für ein Allerweltsfoul. Dass Felix solch eine Show abzog, hing mit Sicherheit ausschließlich damit zusammen, dass Lasse der Übeltäter gewesen war. Und Lasse reagierte natürlich prompt. „Du Weichei“, schrie er, „eigentlich dürftest du gar nicht mehr auf dem Platz stehen, und jetzt willst du auch noch eine Karte provozieren. Zieh bloß Leine und jammere bei Mama weiter.“

Das war zu viel für Felix. Mit einem Schrei stürzte er sich auf Lasse. Eine wilde Rauferei begann. Beide teilten aus und steckten ein, die Nasen bluteten fürchterlich. Mit vereinten Kräften gelang es schließlich, die beiden voneinander zu trennen. „Schämt euch, ihr beiden“, sagte der Schiedsrichter und zeigte sowohl Felix wie Lasse die rote Karte. „Ihr seid alles andere als Vorbilder. Nur weil ihr gute Fußballer seid, habt ihr noch lange kein Recht, euch derart aufzuführen. Vielleicht solltet ihr beide einmal in euch gehen und euer Verhältnis zueinander überdenken. Zeit dazu werdet ihr auf alle Fälle haben, denn ich werde euer unsportliches Verhalten ausführlich im Spielbericht festhalten. Eine längere Sperre wird mit Sicherheit gegen euch ausgesprochen werden.“

Lasse und Felix schauten einander an. Es war unübersehbar,

dass es in beiden brodelte. Ihre Blicke verhießen nichts Gutes. Plötzlich bemerkte ich, dass beide mich anschauten. Aber ich konnte nichts für sie tun. Und ich wollte es auch nicht. Sie hatten sich in diese Scheiße selbst hineingeritten und nun mussten sie auch sehen, wie sie da wieder herauskamen. Vielleicht würden sie ja eines Tages einsehen, dass ihre völlig unnützen Streitereien kindisch, albern und dumm gewesen waren. Und vielleicht würde aus dieser Einsicht heraus ein besseres Verhältnis zueinander entstehen. Derzeit sah es allerdings nicht danach aus. Ziemlich beste Freunde schauten einander anders an.

Ein vortrefflicher Plan

Es hatte alles so schön und harmonisch begonnen. Finja war auf die Idee gekommen und hatte große Zustimmung erfahren. Eigentlich war es ja auch naheliegend gewesen. Sie trafen sich nun schon eine ganze Zeit lang mehrmals wöchentlich zum Bolzen. Inzwischen war daraus etwas geworden, was tatsächlich dem Fußballspielen glich. Auch deshalb war der nächste Schritt eigentlich nur logisch. Und doch gehörte einiges dazu, Finjas Idee in die Tat umzusetzen.

Finja hatte vorgeschlagen, eine Mädchenfußballmannschaft ins Leben zu rufen. So mit allem, was dazu gehörte: Trainer, Betreuer, einheitliche Spielkleidung, Teilnahme am Punktspielbetrieb, vielleicht sogar eine eigene Homepage. Und sie hatten es, trotz aller Rückschläge, gemeinsam geschafft, ihren Plan in die Tat umzusetzen.

Erste Erfolge blieben nicht aus. Bald schon war ihre Mannschaft in der Region bekannt. Ihre Zielstrebigkeit wurde gelobt, ihr Taktikverständnis hervorgehoben und ihr Kombinationsfußball als sehenswert bezeichnet. Besonders stolz aber war Finja auf das ausgeprägte Zusammengehörigkeitsgefühl aller Spielerinnen. Alle gaben ihr Bestes, ohne sich in den Vordergrund spielen zu wollen. Jede gönnte der anderen eine gelungene Aktion und den Beifall der Zuschauer. Keine von ihnen wollte besonders auf sich aufmerksam machen, jede ordnete sich dem Erfolg der Mannschaft unter.

Und dieser stellte sich in ihrer zweiten Saison überraschend schnell und beeindruckend deutlich ein. Die Mannschaft eilte von Sieg zu Sieg. Nicht selten gab es Erfolge in zweistelliger Höhe. Die Zustimmung der Zuschauer für das sympathische Team war an jedem Wochenende unüberhörbar und die Presse sprach bereits von einer Mädchenmannschaft, die in der gesamten Republik ihresgleichen suchte. Diese Ehrung hielt Finja zwar für etwas übertrieben, aber sie schmeichelte ihr und der gesamten Elf selbstverständlich enorm. Und vielleicht würde man ja tatsächlich irgendwann einmal dieser vorschnellen Auszeichnung entsprechend spielen.

Urplötzlich schien dieser Zeitpunkt schneller als gedacht näher zu rücken. Wegen des neuen Arbeitsplatzes ihres Vaters musste eine aktuelle Mädchen-Nationalspielerin den Verein wechseln und sie schloss sich Finjas Mannschaft an. In Fachkreisen war man davon überzeugt, dass Zoes Dynamik, ihr kraftvoller Antritt und ihr gewaltiges Schussvermögen die ohnehin schon beachtliche Leistungsfähigkeit der Mannschaft deutlich steigern würden. Ohne Zweifel bedeutete ihr Vereinswechsel eine enorme Verstärkung. Weder Finja noch eine ihrer Mitspielerinnen hatte es bislang in den Kreis der Mädchen-Nationalelf geschafft. Lediglich in regionalen Auswahlmannschaften hatten sie mitgewirkt. Sie waren immer als Mannschaft erfolgreich gewesen, ihrem Teamgeist hatten sie mehr als ihren spielerischen Fähigkeiten die vielen Siege zu verdanken. Jetzt aber war mit Zoe individuelle Klasse hinzugekommen. Da konnte alles ja nur noch besser werden.

Doch sehr bald zeigte sich eine eher gegenteilige Entwicklung. Alle, Trainer, Zuschauer, ja selbst die eigenen Mitspielerinnen schauten nur noch auf Zoe und erwarteten wahre Wunderdinge von ihr. Zoe selbst war sich der herausragenden Rolle innerhalb der Mannschaft bewusst und entsprechend verhielt sie sich – auf dem Spielfeld und außerhalb. Während des Spiels forderte sie unentwegt den Ball, sie übertrieb die Einzelaktionen und spielte wenig mannschaftsdienlich. Zudem beschwerte sie sich fast durchweg, wenn ihr der Ball nicht zugespielt wurde, und immer häufiger konnten die Zuschauer abwertende Handbewegungen beobachten, wenn einer von Zoes Mitspielerinnen eine Aktion misslang. Anfangs hatten Finja und ihre Kameradinnen dieses Verhalten hingenommen und Zoe wegen ihrer überragenden spielerischen Fähigkeiten eine gewisse Sonderstellung zugebilligt. Doch als das, was Finjas Mannschaft bislang ausgezeichnet hatte, nämlich Teamgeist und Harmonie, mehr und mehr zu bröckeln begann, fragten sich einige, ob Zoes Vereinswechsel tatsächlich ein Glücksgriff für sie gewesen war.

Denn auch außerhalb des Spielfeldes kam es jetzt häufiger zu Streitereien. Zoe war es innerhalb kurzer Zeit gelungen, einige wenige Mitspielerinnen um sich zu scharen, die ihr blind folgten. Jede Äußerung Zoes wurde mit beifälligem Gemurmel bedacht, jede Kritik von zustimmendem Nicken begleitet und jeder abfälligen Bemerkung über Mitspielerinnen zugestimmt. Das vertrauensvolle, harmonische Klima innerhalb der Mannschaft wich deshalb nach und nach einer gereizten Atmosphäre. Die zunehmend schlechtere Stimmung wirkte sich auch auf die fußballerische Qualität aus. Unsicherheit bezüglich der eigenen Leistung, mangelndes Vertrauen zu manchen Mitspielerinnen und Zoes ewige Motzerei ließen Begegnungen gegen Mannschaften verloren gehen, die sie einige Monate zuvor noch in Grund und Boden gespielt hatten. Es hatte eine Entwicklung eingesetzt, die alles, was sie einstmals ausgezeichnet hatte, in Frage stellte.

Deshalb sah Finja jetzt die unbedingte Notwendigkeit zum Handeln. So wie in den letzten Monaten konnte es nicht weitergehen. Doch welche Möglichkeiten besaß sie überhaupt? Sie hatte bereits einige Male versucht, mit Zoe ins Gespräch zu kommen. Aber Zoe war völlig uneinsichtig gewesen und hatte ihr, Finja, die Schuld an den schlechten Spielergebnissen gegeben.

Zoe nochmals ins Gewissen zu reden, war deshalb wenig erfolgversprechend. Und auch ihre Mitläuferinnen hatten sich Argumenten gegenüber alles andere als aufgeschlossen gezeigt. Die Fronten waren verhärtet. Erstmals kam Finja der Gedanke, alles hinzuschmeißen, sich einem anderen Verein anzuschließen oder gar mit dem Fußballspielen aufzuhören. Doch nein, diesen Triumph wollte sie Zoe nicht gönnen.

Sie begann, einen Plan zu schmieden. Allein allerdings konnte sie diesen nicht umsetzen. Deshalb weihte sie ihre besten Freundinnen ein. Greta, Kira und Janine schüttelten zunächst mit dem Kopf, als sie von Finjas Vorhaben hörten. „Damit steigerst Du Zoes Einfluss doch nur", wandte Janine ein, und Kira ergänzte: „Dein Plan könnte auch nach hinten losgehen". Doch da niemand einen besseren Vorschlag unterbreiten konnte, willigten sie schließlich ein, Finja zu unterstützen.

Nach dem nächsten Training versammelte Finja ihre Mannschaftskameradinnen um sich und erklärte: „Ich bin jetzt seit fast zwei Jahren Kapitänin unseres Teams. Jetzt kann einmal eine andere diese Aufgabe übernehmen. Wer hat Vorschläge?" Sofort fiel Zoes Name und da niemand anderes Bereitschaft zur Übernahme des Amtes zeigte, wurde Zoe gewählt – allerdings mit einigen Gegenstimmen und Enthaltungen. Bevor sie auseinandergingen, wandte sich Finja mit eindringlichen Worten an die neue Kapitänin: „Zoe, du trägst ab jetzt besondere Verantwortung für unsere Mannschaft. Es kann sein, dass du einmal einen Streit schlichten oder dass du auf dem Spielfeld gegen zu viel Eigensinn mancher Mitspielerinnen einschreiten musst. Vor allem aber musst du dafür sorgen, dass jeder sich wieder als Teil der Mannschaft versteht und einsieht, dass wir nur gemeinsam

Erfolg haben werden".

Zoe schaute Finja überrascht an. Zunächst schien es, als wolle sie widersprechen, doch nach kurzem Überlegen meinte sie: „Das wird schon. Ganz ohne Einfluss bin ich ja nicht". Finja nickte und erwiderte: „Ich glaube auch, dass du die Richtige für diese Aufgabe bist". Finjas Antwort war allerdings anders gemeint, als Zoe sie verstand. Denn Finja wusste, dass Zoe jetzt eine Reihe von Bewährungsproben bevorstanden.

Es begann bereits beim nächsten Training, als Greta und Kira plötzlich aneinandergerieten und sich wie Kampfhähne gegenüberstanden. Dabei war eigentlich gar nichts passiert, aber das wusste Zoe natürlich nicht. Schnell stellte sie sich zwischen die beiden Streitenden und rief sie mit lauter Stimme zur Vernunft. „Wenn es Probleme gibt, können wir darüber nach dem Training sprechen. Jetzt gilt es, uns fußballerisch zu verbessern und nicht zu zanken und zu zoffen". Greta und Kira reichten sich die Hand, woraufhin Zoe zufrieden davonlief. Die triumphierenden Blicke, die sich Finja und ihre Freundinnen zuwarfen, nahm sie nicht wahr.

Dieser kleine Zwischenfall war aber nichts gegen das, was sich am darauf folgenden Wochenende auf dem Spielfeld ereignete. Plötzlich gab es kaum noch Kombinationen, vor allem Janine, Kira und Greta schauten nur noch auf den Ball und beachteten ihre besser positionierten Mitspielerinnen nicht. Und spielten sie doch einmal den Ball ab, landete dieser zumeist bei den Gegnerinnen. So war es nicht verwunderlich, dass Finjas Mannschaft zur Halbzeit mit 0:2 zurücklag. „So kann es nicht weitergehen", rief Zoe umgehend nach dem Pausenpfiff, „wir müssen wieder zu unseren fußballerischen Tugenden zurückfinden. Ihr wisst doch, was uns immer ausgezeichnet hat. Tempo, Kombinationen, Überzahlspiel und gegenseitige Unterstützung, das müssen wir wieder ins Spiel bringen. Ihr drei", wandte sie sich an Greta, Janine und Kira, „ ihr habt diese Fähigkeiten in besonderer Weise vermissen lassen. Das war schon sehr enttäuschend. Dabei weiß ich doch, dass ihr es viel besser könnt. Bringt euch also in der zweiten Halbzeit so ein, wie wir es von euch gewohnt sind".

Die drei Mädchen nickten und schauten betreten zu Boden. Das war auch besser, denn sonst hätte Zoe womöglich ihr leichtes Grinsen wahrgenommen. Daraus ließ sich keineswegs Niedergeschlagenheit oder reumütige Einsicht ablesen, sondern eher das Wissen, alles richtig gemacht zu haben. Denn dies war der zweite Teil von Finjas Plan gewesen: Zoe musste erkennen, dass man nur gemeinsam erfolgreich sein würde, und sie musste einsehen, dass es ihre Aufgabe als Mannschaftsführerin war, ihre Mitspielerinnen zur begeisternden Spielweise, die sie immer ausgezeichnet hatte, zurückzuführen. Das hatte sie getan, und Finja sprach ihr dafür auf dem Weg zurück zum Spielfeld ein dickes Lob aus: „Ich glaube, du hast genau die richtigen Worte gefunden, Zoe. Es kann jetzt nur besser werden". Und genau so geschah es. Die keineswegs schlechten Gegnerinnen wurden noch mit 5:2 besiegt. Sie hatten dem Kombinationswirbel von Finjas Elf nicht standhalten können. Und Zoe hatte mannschaftsdienlich wie noch nie gespielt. Es gelang ihr zwar nur ein Tor, dafür gab sie aber drei Torvorlagen. Nach dem Spiel kam es zu lange nicht mehr gesehenen Freudenbekundungen in Finjas Team. Man klatschte sich ab, umarmte sich und lobte sich gegenseitig. Erneut mussten Finja und ihre drei Mitverschwörerinnen aufpassen, dass Zoe ihre triumphierenden Blicke nicht bemerkte.

Doch noch war Finjas Plan nicht vollständig umgesetzt worden. Jetzt galt es, Zoes Anhängerinnen, die ihr über lange Zeit blind gefolgt waren, wieder in die Mannschaft einzubinden. Und das erwies sich als gar nicht so einfach. Zoes Kurswechsel war recht abrupt erfolgt und irgendwie auch nicht vollständig nachvollziehbar gewesen. Jedenfalls nicht fur die drei Mädchen, die sich jetzt abgesondert hatten und gestenreich diskutierten. Finja konnte einzelne Satzfetzen vernehmen: „Machen wir nicht mit", „warum sollten wir", „kommt nicht in Frage", drang an ihr Ohr.

Nun galt es. Finja gab ihren drei Freundinnen mit einem kurzen Nicken zu verstehen, dass jetzt ihr entscheidender Auftritt beginnen sollte. Greta, Kira und Janine näherten sich den drei widerspenstigen Mitspielerinnen. „Ihr seid anscheinend genauso wenig wie wir mit Zoes Verhalten einverstanden", begann Kira, und Greta ergänzte: „Man muss sich ja nicht alles gefallen lassen." Ungläubiges Staunen bereitete sich auf den Gesichtern der drei Angesprochenen aus. „Na ja", wollte Nina, ihre Wortführerin, antworten, doch Kira fiel ihr augenblicklich ins Wort. „Habt ihr nicht Lust, mit uns zusammen die Mannschaft zu verlassen und irgendwo anders neu zu beginnen? Wir wären schon sechs und könnten sicherlich noch einige andere Mädchen finden, um mit ihnen zusammen eine neue Mannschaft zu bilden." Nina warf ihren beiden Freundinnen einen fragenden Blick zu und registrierte – zu ihrer eigenen Genugtuung – ein energisches Kopfschütteln. „Na ja", begann Nina erneut, „so schlimm ist es auch wieder nicht. Teilweise hat Zoe ja durchaus recht." „Und wie wir unsere Gegnerinnen in der zweiten Halbzeit in Grund

und Boden gespielt haben, das war schon klasse", ergänzte Nadine, „das erinnerte an alte Zeiten". „Genau", nahm Janine diesen Gedanken sofort auf, denn auf ein derartiges Stichwort hatte sie gewartet, „wisst ihr noch, wie wir einmal ..." Wie auf Kommando begannen alle sechs nun durcheinander zu reden. Alle versuchten gleichzeitig, sich mit Erinnerungen an bedeutsame Augenblicke ihrer Karriere bemerkbar zu machen. Und als hätte jemand ein Stoppzeichen gegeben, unterbrachen alle plötzlich gleichzeitig ihren Wortschwall. Sie schauten sich verblüfft an und brachen dann in schallendes Gelächter aus.

Aus der Ferne hatte Finja das Geschehen betrachtet. Nun näherte sie sich den sechs Mädchen. „Wo kommt denn eure plötz-

liche gute Laune her?", erkundigte sie sich. „Das sah vor kurzem doch noch ganz anders aus." Die Sechs schauten einander an und dann platzte es aus Nina heraus: „Wir wissen jetzt wieder, was uns unsere Gemeinschaft bedeutet. Und ich kann gar nicht mehr verstehen, was mich getrieben hat, diese Freundschaft aufs Spiel zu setzen. Besser als wir in unserer Fußballmannschaft kann man es doch gar nicht haben. Das ist mir soeben klar geworden, und offensichtlich ja nicht nur mir."

Arm in Arm gingen die sieben Mädchen zum Rest der Mannschaft zurück. Von dort kam ihnen Zoe entgegen. Ihrer Miene konnte man entnehmen, dass ihr inzwischen manche Zusammenhänge klar geworden waren. Sie wandte sich an Finja und richtete das Wort an sie, doch in einer Lautstärke, dass alle Mädchen es verstehen konnten. „Manchmal muss etwas nachgeholfen werden, bis man erkennt, was richtig und was falsch ist. Finja hat mir dabei geholfen. Und ich bin ein wenig stolz darauf, dass ich die Position der Mannschaftsführerin inzwischen ganz in Finjas Sinn ausfülle."

Im Mittelpunkt

Es ging hoch her. Beide Mannschaften schenkten sich nichts. Er musste höllisch aufpassen, dass er keinen Fehler beging. Es war zwar nur ein normales Punktspiel zwischen zwei Jugendmannschaften, aber es war sein erstes. Sein erstes als Schiedsrichter.

Natürlich hatte auch er von einer großen Fußballkarriere geträumt, aber es war bald klar geworden, dass seine fußballerischen Fähigkeiten dafür bei weitem nicht ausreichten. So hatte er immer nur mit gekickt, über Jahre hinweg. Nicht, dass es ihm keinen Spaß mehr gemacht hätte, nein, das nicht, aber der Anreiz wurde mit der Zeit immer geringer. Deshalb hatte er mit Freude die Gelegenheit wahrgenommen, seine Freizeit auf etwas anderes zu konzentrieren. Etwas, das zwar durchaus mit Fußball zu tun hatte, etwas, was ohne Zweifel auch körperlich anstrengend sein konnte, aber was ohne Ball betrieben wurde. Dafür mit einer Pfeife in der Hand. Er hatte ohne jede Schwierigkeit die notwendigen Lehrgänge absolviert, alle schriftlichen Prüfungen fehlerlos bestanden und sich auch körperlich fit gezeigt. Und deshalb durfte er jetzt als Schiedsrichter amtieren.

Er wusste von seinen Lehrgängen, dass man den Spielern auf dem Feld – egal welchen Alters – selbstbewusst entgegentreten und ihnen deutlich machen musste, wer die Entscheidungen traf. Ob man dann noch mit den Spielern redete, ihnen den einen oder anderen Pfiff erklärte, das hing von der jeweiligen Situation ab. Und gerade jetzt musste er eine komplizierte Situation beurteilen. Was war geschehen? Ein langer Pass hatte den Mittelstürmer erreicht, dieser war auf das Tor zu gerannt, war dann aber von hinten zu Fall gebracht worden. Während das eine Team eine rote Karte für das Vergehen forderte (und natürlich einen Freistoß), erklärte die andere Mannschaft, der Mittelstürmer habe beim Pass zu ihm im Abseits gestanden. Folglich hätte das Spiel schon längst unterbrochen sein müssen. Was danach geschah, sei deshalb unerheblich.

David, der Schiedsrichter, stand erstmals vor einer kniffligen Entscheidung. Er selbst hatte eine Abseitsposition nicht wahrgenommen und Schiedsrichterassistenten, die normalerweise eine Abseitsstellung anzeigten, gab es bei Jugendspielen unterklassiger Mannschaften nicht. Folglich blieb ihm nur eine Möglichkeit: Er griff in seine Hosentasche und zeigte dem Abwehrspieler die rote Karte. Und das im ers-

ten Spiel unter seiner Leitung. Aber war ihm eine andere Wahl geblieben? Auf den Lehrgängen hatte man ihnen immer wieder eingetrichtert – konsequent bleiben, konsequent bleiben. Und so hatte er jetzt auch gehandelt.

Zu seiner eigenen Überraschung und Erleichterung kam es kaum zu Protesten wegen der roten Karte. Dann dürfte seine Entscheidung wohl richtig gewesen sein, dachte David. Dies bestätigten ihm auch beide Trainer nach dem Spiel, das 1:1 geendet hatte. „Für dein erstes Spiel als Schiedsrichter hast du eine tadellose Leistung gezeigt", lobte ihn der eine, und der andere ergänzte: „Es war zwar knapp, aber der Mittelstürmer unseres Gegners stand beim Pass seines Mitspielers noch in der eigenen Spielhälfte. Deshalb war es kein Abseits und leider, leider, konntest du nicht anders handeln als die rote Karte zu zücken."

Bei diesen Worten war David doch ein wenig stolz auf sich. Und sein Selbstvertrauen wuchs. Das zeigte sich in den nächsten Begegnungen unter seiner Leitung. Immer souveräner bewältigte er seine Aufgaben, immer häufiger suchte er das Gespräch, um ein Spiel zu beruhigen, und nur selten war er im Nachhinein mit einer seiner Entscheidungen unzufrieden. Natürlich gab es während einer Begegnung auch Proteste oder abfällige Handbewegungen gegen den einen oder anderen seiner Pfiffe, aber David war davon überzeugt, in den allermeisten Fällen korrekt entschieden zu haben. Zudem gab es inzwischen jemanden, mit dessen Hilfe er strittige Entscheidungen nachträglich überprüfen konnte: Sein Vetter Paul, der leicht gehbehindert war und deshalb nicht in einer Fußballmannschaft mitwirken konnte, ließ es sich seit einiger Zeit nicht nehmen, alle Begegnungen, die David als Schiedsrichter leitete, als Video aufzunehmen. In aller

Regel bestätigten die Bilder im Video, dass David korrekt entschieden hatte.

Dem Verband waren Davids Schiedsrichterleistungen nicht entgangen. Nach der ersten Saison wurde er als bester Nachwuchsschiedsrichter geehrt. Nach einem weiteren Jahr durfte er als Unparteiischer auch bei Spielen der Frauen und Männer amtieren und in seiner dritten Spielzeit als Schiedsrichter wurde ihm die ehrenvolle Aufgabe zuteil, das Endspiel um den Landespokal zu leiten. Und das in seinem jugendlichen Alter! Erstmals allerdings gab es bereits vor Spielbeginn Unmutsäußerungen über seine Ansetzung als Unparteiischer. „Sicher ist er ein talentierter Schiedsrichter und er wird auch seinen Weg machen, aber in der heutigen Begegnung steckt so viel Brisanz, dass ich mir einen erfahreneren Referee gewünscht hätte“, wurde einer der beiden Trainer zitiert. In dieselbe Kerbe schlug der Manager des anderen Vereins. „Nachwuchsförderung ist ja gut und schön, aber man weiß doch, dass in Spielen, in denen es um alles oder nichts geht, der Einsatz häufig sehr hart, streckenweise auch überhart ausfällt, die Gefühle hochkochen und Flüche von sich gegeben werden, die man besser überhört. Deshalb hätte ich mir eine andere Schiedsrichterwahl gewünscht. Jemanden, der bereits in ähnlichen Begegnungen eingesetzt worden ist.“

David hatte diese Einschätzungen natürlich auch gelesen. Ihm war bewusst, dass ihn die heutige Aufgabe vor besondere Anforderungen stellen würde, doch einschüchtern lassen wollte er sich nicht. Warum sollte er heute mehr Fehler machen als sonst? Da standen sich wie immer zwei Teams mit jeweils elf Spielern gegenüber. Wenn jemand einen Regelverstoß beging, würde er pfeifen und diesen entsprechend den Bestimmungen ahnden. So hatte er es immer gemacht und so würde er es auch heute halten. Er wusste, was er konnte. Warum sollte er sich heute mehr Fehler leisten als sonst? Ob er seine strengste Miene aufsetzen müsste oder sich bisweilen ein Lächeln leisten könnte, würde vom Spielverlauf abhängen.

Als David, hinter sich die beiden Mannschaften, das Stadion betrat, war er doch ein wenig verblüfft. Vor so vielen Zuschauern hatte er noch nie seine Pfeife erklingen lassen. Und was für ein Lärm aus den einzelnen Blöcken ertönte. Da musste er aufpassen, dass seine Anweisungen nicht in dem allgemeinen Geschrei untergingen. Aber noch war David zuversichtlich. Er durfte sich nur nicht ablenken lassen, sondern musste sich von Anbeginn an auf das Spielgeschehen konzentrieren. Das war aber leichter gesagt als getan. Nicht nur dort, wo sich der Ball gerade befand, wurde mit harter Bandage gekämpft, gestoßen und gegrätscht, auch abseits des Balles kam es zu manchem Zusammenstoß – ob absichtlich oder nicht, konnte David in den meisten Fällen nicht entscheiden, weil sein Blick auf den Ball gerichtet war. Aber zum Glück standen ihm ja zwei Assistenten zur Seite, die ihm Übeltäter benannten. Und auch der Lärm von den Tribünen machte David mehr zu schaffen, als er erwartet hatte, zumal dieser bei fast jeder seiner Entscheidungen noch anschwoll, denn eine der beiden Mannschaften mitsamt ihren Anhängern war beinahe immer unzufrieden. Dabei war sich David, wie sonst auch, sicher, bei praktisch allen seinen Einschätzungen richtig zu liegen. Warum gerade heute derart viel Unmut aufkam, konnte David nicht verstehen. Er handelte doch nicht anders als in vielen Spielen zuvor. Er war schließlich bekannt dafür, gerade in kniffligen Situationen richtige Entscheidungen zu treffen. Das war ihm doch bereits wiederholt bestätigt worden.

Die Nervosität beider Mannschaften steigerte sich von Minute zu Minute. Noch immer war kein Tor gefallen. Das Spiel stand auf des Messers Schneide. Entsprechend umkämpft war jeder Ball. David musste immer häufiger zur Pfeife greifen. Inzwischen hatte er bereits sechs gelbe Karten verteilt, drei für jede Elf. Beide Mannschaftsführer hatte er darauf hingewiesen, dass er auch vor Platzverweisen nicht zurückschrecken würde. Beruhigend allerdings hatte all das nicht gewirkt. Die Spieler holten das Letzte aus sich heraus, es wurde sich nichts geschenkt. Und doch war es nicht ihr Einsatz, der das Spiel entscheiden sollte, sondern ein Pfiff des Schiedsrichters.

David meinte, die Situation genau gesehen zu haben. Ein Schuss von der Strafraumgrenze Richtung Tor war von einem Verteidiger abgeblockt worden. Allerdings war dies mit dem Arm geschehen und so blieb David nichts anderes übrig, als fünf Minuten vor Spielende auf den Elfmeterpunkt zu zeigen. Sofort rannten die Spieler der verteidigenden Mannschaft, heftig protestierend, auf ihn zu. Damit hatte David natürlich gerechnet, das erlebte er heute nicht zum ersten Mal. Er wusste, wie er zu reagieren hatte. Energisch wies er die Spieler zurück, zeigte mit einer Geste an, dass der Verteidiger den Ball mit dem Arm berührt habe und ging dann mit zügigen Schritten zum Elfmeterpunkt. Hinter sich hörte er aus Spielermund immer wieder das Wort „gestoßen". Wer sollte denn wen gestoßen haben? Er hatte nichts gesehen, doch er wollte sicher gehen, keine Fehlentscheidung zu treffen. Deshalb rief er den Spieler, der den Ball mit dem Arm berührt hatte, zu sich. Alle anderen schickte er aus dem Strafraum.

Der Verteidiger erklärte David mit erregter Stimme, dass er einen Stoß in den Rücken bekommen habe und nur deshalb in den Torschuss hinein gestolpert sei. David bedauerte das erste Mal, nicht über den Videobeweis zu verfügen, doch immerhin konnte er sich bei seinem Assistenten rückversichern. Auch dieser hatte keinen Stoß gesehen und so blieb David bei seiner Elfmeterentscheidung. Das Stadion kochte. Gegenstände wurden auf den Rasen geworfen. Ein Pfeifkonzert begleitete den Schützen, als er sich den Ball griff und ihn auf den Punkt legte. Sollte diese umstrittene Entscheidung tatsächlich das Spiel entscheiden? David konnte zwar den Unmut eines Teils der Zuschauer verstehen, aber hätte er anders handeln können? Nein, das hätte er nicht. Die Regel war eindeutig: Vergrößerte ein Spieler seinen Körper durch die Armhaltung, war bei einem Geschehen im Strafraum auf Elfmeter zu entscheiden. Das hatte er getan und fertig. Dass er nun im Mittelpunkt des Geschehens stand, dass seine Entscheidung wahrscheinlich für den Ausgang des Spiels verantwortlich war, daran konnte er nichts ändern. Regel war nun einmal Regel, das war allen Schiedsrichtern auf den Lehrgängen immer wieder eingebläut worden. Und David war mit diesem Grundsatz immer gut gefahren.

Der Elfmeter wurde verwandelt, das Spiel endete 1:0. David musste unter Polizeischutz in die Kabine geführt werden. Noch lange hallten Pfiffe durch die Gänge des Stadions, doch David blieb davon unbeeindruckt. Er hatte seine Aufgabe erledigt und er war zufrieden mit sich. Zufriedener noch als in vielen Spielen zuvor, denn dieses Mal war er wirklich gefordert gewesen. Aber er konnte erhobenen Hauptes das Stadion verlassen. Sicher würde ihm bald wieder die Leitung eines wichtigen Spieles übertragen werden. Er konnte wirklich stolz auf sich sein. Bis, ja bis Paul ihn zu sich winkte. Er hatte auch diese Begegnung auf Video aufgenommen und zeigte David, dass der Verteidiger in der Tat gestoßen worden war. Er hatte die Berührung mit dem Ball gar nicht verhindern können. Die Elfmeterentscheidung war somit völlig unberechtigt gewesen.

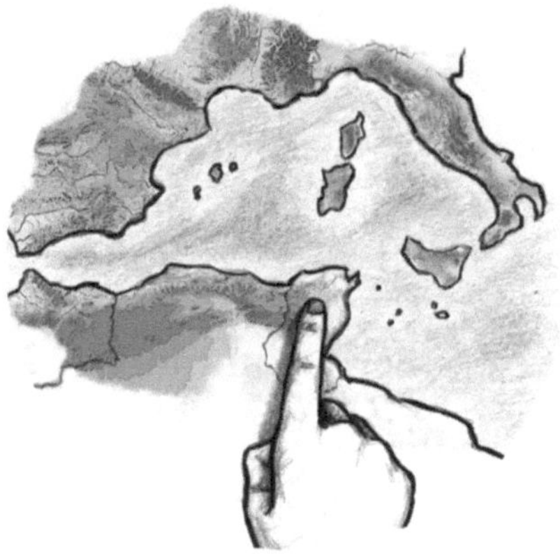

Überraschende Unterstützung

Ich wusste nicht wie, aber irgendwie musste ich meine Mannschaft davon überzeugen, dass es vieles gab, das genauso wichtig, und manches, dass noch wichtiger war, als Fußball zu spielen. Diese Einsicht wollte ich unbedingt meinen Mitspielerinnen und Mitspielern vermitteln. Man konnte, ja man sollte schon als Heranwachsender Verantwortung übernehmen, versuchen, mitzuwirken und mitzugestalten. Es gab so viele Bereiche, in denen man sich engagieren konnte. Ich hatte gerade von einem tollen Projekt gelesen, an dem man teilnehmen und Gutes bewirken konnte, ohne großen Aufwand zu betreiben. Es musste mir dieses Mal doch endlich gelingen, meine Mannschaft von einer Mitwirkung zu überzeugen. Die Argumente dafür lagen schließlich auf der Hand und ich wusste, dass meine Kameraden klug genug waren, sie zu verstehen. Doch wäre ich auch in der Lage, die notwendige Überzeugungsarbeit zu leisten, damit sich möglichst alle an der Aktion beteiligten?

Ich wusste, mein Ansehen in der Mannschaft war nicht das beste. Na ja, eigentlich befand ich mich ziemlich weit unten auf der Bedeutungsleiter. Das lag in erster Linie an meinen fußballerischen Fähigkeiten, von denen unser Trainer immer sagte, sie seien noch ausbaufähig. Ich wusste aber, dass ich niemals so gut werden würde wie Lasse, Tjark oder Simon. Die konnten reden, was sie wollten, alle hörten ihnen zu. Aber ich wollte auch nicht zu denjenigen gehören, die nur immer mit dem Kopf nickten und alles nachplapperten. Ich wollte mir selbst meine Meinung bilden und diese anderen darlegen. Nur: Dann hätten meine fußballerischen Leistungen besser, oder mein Äußeres beeindruckender (was man von einem kleingewachsenen Brillenträger wahrlich nicht behaupten konnte), oder mein Auftreten selbstsicherer sein müssen. Ich wusste natürlich, dass alles miteinander zusammenhing, aber das half auch nicht weiter. Meine Rolle innerhalb der Mannschaft war wohl die eines besserwisserischen Alibifußballers.

Trotzdem – innerlich stampfte ich mit dem Fuß auf – trotzdem musste es mir heute gelingen, nach dem Training mein Projekt vorzustellen. Vielleicht fiel die Reaktion meiner Kameraden heute ja anders aus. Das Training war wie immer eher mittelmäßig, meine Leistung lag deutlich darunter. Das hing sicherlich auch damit zusammen, dass meine Aufmerksamkeit weniger dem Geschehen auf dem Platz galt als dem, was nach dem Training folgen sollte. Ich hatte mir einen exakten Ablaufplan zusammengestellt und mit dem Trainer (der mir trotz meiner fußballerischen Defizite viel Sympathie entgegenbrachte) besprochen. Er sollte die Mannschaft direkt nach Trainingsschluss (dann waren die Mädchen noch dabei) in einem Tor versammeln und darum bitten, mir für einige Minuten zuzuhören. Ich wollte dann mein Projekt vorstellen (der Coach kannte es schon und war begeistert), einige Bilder zeigen und darum bitten, dass wir uns alle gemeinsam an diesem Projekt beteiligten. Der Trainer sollte dann noch einige unterstützende Sätze anschließen.

Soweit der Plan. Die Umsetzung ging allerdings voll daneben. Als der Trainer meinen Namen aussprach, begannen die ersten, das Tor zu verlassen, andere unterhielten sich lautstark oder fingen an, mich auszupfeifen. Ich war enttäuscht und musste mich bemühen, nicht zu weinen anzufangen. Wieder einmal hatte ich nichts von dem umsetzen können, was ich mir ausgemalt hatte. Nicht einmal zuhören wollte man mir. Dabei hätte ich mir durchaus zustimmende Äußerungen meiner Mitspieler vorstellen können, denn das Projekt hatte schließlich etwas mit Fußball zu tun. Aber nun war alles vorbei, bevor es überhaupt angefangen hatte.

Traurig machte ich mich auf den Heimweg, als ich plötzlich von hinten angesprochen wurde. „Warte mal Fiete (eigentlich heiße ich Karl-Friedrich, weil meine Eltern den blöden Tatort-Börne so cool finden), was hattest du denn vorhin sagen wollen? Manchmal hast du doch ganz vernünftige Ideen." Vor Staunen bekam ich kaum den Mund auf. Vor mir stand Nicolina. Sie war nicht die beste der drei bei uns mit kickenden Mädchen, aber mit Abstand die hübscheste. Sie konnte zudem, auch gegenüber den Jungs, durchaus ihre eigene Meinung vertreten. Und die wollte jetzt etwas von mir wissen. „Na ja, also, kurz gesagt", begann ich mit klopfendem Herzen, „man kann die Mitglieder einer Fußballmannschaft in Afrika unterstützen. Man sucht sich einen der Spieler, egal ob Junge oder Mädchen, heraus und verspricht, für diesen monatlich einen bestimmten Betrag zu überweisen. Stell dir vor, mit nur 15 Euro könnte der sich einen ganzen Monat satt essen – zumindest einmal am Tag. Diesen Betrag müssten wir doch gemeinsam aufbringen können. Möglich wäre es auch noch, bei unseren Heimspielen mit einer Sammelbüchse herumzugehen oder auf der Weihnachtsfeier ...“

„Nun mal langsam“, unterbrach mich Nicolina, „zunächst einmal müssen wir doch unsere Mitspieler überzeugen, dann kannst du weitere Pläne machen.“ Ich staunte nicht schlecht. Nicolina hatte soeben ohne Wenn und Aber zugesagt, mich zu unterstützen. Ausgerechnet Nicolina. Ungläubig starrte ich sie an, aber es schien ihr tatsächlich ernst zu sein. „Wir müssen uns einen coolen Plan überlegen, wie wir die ganze Mannschaft mit ins Boot holen können. Wollen wir uns morgen Nachmittag in der Eisdiele treffen und alles Weitere besprechen?“ Ich schaffte es so gerade, „Ja, gern“, zu murmeln, bevor sich Nicolina auf den Heimweg machte. „Um drei Uhr“ rief sie mir noch zu, aber mein „ok“ dürfte sie schon gar nicht mehr gehört haben.

Ich hatte die Eisdiele ohne neue Idee betreten, doch Nicolina winkte mich sofort ganz aufgeregt an ihren Tisch. „Ich hätte ganz viele Vorschläge zu machen, aber der beste scheint mir folgender zu sein“, sprudelte es aus ihr heraus, „wir unterstützen einen der afrikanischen Jugendlichen und planen gleichzeitig, unsere Sommerfahrt (wir machen jedes Jahr eine) dorthin führen zu lassen. Ich habe schon mal im Internet recherchiert, der Ort, in dem sich ihr Sportplatz befindet, liegt in Nordafrika, gar nicht weit von der Mittelmeerküste entfernt. Das könnte doch was werden, oder was meinst du? Und wir könnten dort auch zu einem Freundschaftsspiel antreten und ...“ Nun war es an mir, Nicolina zu bremsen: „Das ist alles ganz toll, große Klasse, aber wie du mir gestern sagtest, wir müssen vorn anfangen, und das heißt, die Zustimmung unserer Mitspieler einholen." „Lass mich nur machen", entgegnete Nicolina mit einem verschmitzten Lächeln, „mein Einfluss auf unser Team ist doch ein anderer als deiner."

Damit hatte sie natürlich Recht. Alle Jungs schauten ihr nach, wenn sie an ihnen vorüberging, und jeder war stolz darauf, wenn sie das Wort an ihn richtete. Und nun wollte sie zusammen mit mir unsere Mannschaft überzeugen. Ja, sie bestand darauf, dass wir uns gemeinsam vor dem Team aufbauten. Schließlich sei es meine Idee gewesen und sie leiste nur etwas Mithilfe. Damit hatte sie ihre Bedeutung zwar zu weit herabgesetzt, aber darüber wollte ich nicht mit ihr streiten. Ich war sowas von stolz darauf, mich mit ihr gemeinsam für unser Projekt einzusetzen, dass ich wohl allen Wünschen Nicolinas zugestimmt hätte.

Dieses Mal versammelte der Coach die gesamte Mannschaft vor Trainingsbeginn im Besprechungszimmer. Gespannt schauten sich alle um. Was sollte denn jetzt passieren? Nicolina erhob sich und zog sofort die Aufmerksamkeit aller Anwesenden auf sich. Doch sie schaute nur mich an, nickte mir zu, und als ich trotzdem keine Anstalten machte aufzustehen, kam sie zu mir, zog mich an der Hand und brachte uns beide vorn in Position.

Meine Mitspieler staunten nicht schlecht, aber langsam fand ich Gefallen an meiner Rolle, und als Nicolina in einem bestimmten, keinen Widerspruch zulassenden Ton sagte: „Ihr hört jetzt bitte Fiete einige Minuten zu, ohne dazwischenzureden oder einen dummen Spruch zu klopfen, verstanden?“, nickten alle, und so konnte ich mein, nein unser Projekt jetzt vorstellen. Richtige Begeisterung kam allerdings erst auf, als Nicolina erläuterte, was mit der Unterstützung des afrikanischen Jungen verbunden sein könnte: die Sommerfahrt in den Süden und das Freundschaftsspiel.

„Das machen wir“, konnte ich hören, „das bisschen Geld bekommen wir leicht zusammen“, „vielleicht können wir ja auch zwei oder drei Jugendliche unterstützen“, „wir kommen, Afrika“.

Auch wenn die meisten Augen auf Nicolina gerichtet blieben, so bekam doch auch ich Lob: „Mensch Fiete, hätten wir dir gar nicht zugetraut“, „großartige Idee“, „nächstes Mal hören wir dir gleich zu“. Dass ich nur den wichtigeren, aber keineswegs den verlockenderen Teil beigesteuert hatte, ließen Nicolina und ich mit einem einvernehmlichen Zwinkern unter den Tisch fallen.

Mensch, war das eine Woche gewesen. Der kleine Besserwisser war zu einem anerkannten Mitglied seiner Mannschaft geworden. An der Seite eines hübschen Mädchens hatte er sich zunehmend wohl gefühlt. Und gelernt hatte er für sich auch noch etwas: Mit den besten Ideen, Argumenten und Projekten allein hatte man nicht automatisch Erfolg. Man musste bisweilen auch Verlockungen bieten. Oder, wie der Volksmund sagte (einmal will ich noch mit meinem Wissen prahlen): Mit Speck fängt man Mäuse.

Der Einzelgänger

Es gefiel ihm, nicht so zu sein wie alle anderen. Er hatte es nicht darauf angelegt, es war keine bewusste Entscheidung gewesen, sondern es war einfach so gekommen. Aber jetzt war er damit zufrieden, ja eigentlich noch mehr. Inzwischen achtete er bewusst darauf, dass er sich von anderen unterschied. Das betraf Alles: seine Kleidung, seine Ausdrucksweise, seine Vorlieben, seine Lieblingsspeisen, seine Hobbys, wirklich einfach alles. Und wehe, jemand ahmte ihn nach. Dann kannte seine Fantasie keine Grenzen. Er machte sich über seine Nachahmer lustig, er distanzierte sich von vergangenen Vorlieben, er verwandelte sein Äußeres oder vertrat Ansichten, die er sich tags zuvor noch nicht hatte vorstellen können. Hauptsache, er verfügte über diese sogenannten Alleinstellungsmerkmale.

Ganz schlimm wurde es, wenn jemand ihm näher kommen wollte, gar seine Freundschaft suchte. Dann trat er sowas von unleidlich, beleidigend und eingebildet auf, dass jeder sehr schnell davon Abstand nahm, eine persönliche Beziehung zu ihm aufzubauen. Dabei war er sich nicht einmal einer Schuld bewusst. Seine Position verlangte einfach bestimmte Reaktionen. Er war ein Einzelgänger und er wollte es unbedingt bleiben, koste es, was es wolle. Er hatte es sogar abgelehnt, seinen Onkel und dessen Familie zu einem Kurzbesuch nach London zu begleiten, obwohl er diese Stadt zu gern einmal kennen gelernt hätte. Die Gegenwart seines Onkels hätte er für zwei, drei Tage wohl in Kauf genommen, aber dessen Söhne, Marek und Rafael, waren nicht zu ertragen. Zwei Jahre jünger als er, versuchten sie, sich bei ihm einzuschmeicheln, ihn nachzuahmen und ihm nach dem Mund zu reden. Das war nicht zum Aushalten und somit wurde es nichts aus dem London-Trip.

Nur eine Kleinigkeit stand Noahs Einzelgängertum im Weg. Na ja, eigentlich war es viel mehr als eine Kleinigkeit, aber Noah versuchte deren Bedeutung sich selbst gegenüber immer herunter zu spielen. Zum Glück wusste niemand in seiner Klasse davon, sonst wäre er in ernsthafte Schwierigkeiten geraten. Es war nämlich so: Seine größte Begeisterung galt dem Fußballspiel, und zwar in all seinen Facetten. Er verfolgte alle Begegnungen von der Bundesliga bis zur Kreisklasse, er kannte die jeweiligen Tabellenstände, wusste um die nächsten Spiele der Nationalelf, konnte alle Weltmeister seit 1930 aufzählen, ja selbst die aktuelle Situation in den bedeutendsten ausländischen Ligen war ihm bekannt. Dass niemand sein umfassendes Wissen bewundern konnte, machte ihm nichts aus. Und ebenso wenig störte es ihn, dass er mit niemandem über Fußballereignisse diskutieren konnte. Er ging sowieso davon aus, dass seine Spielanalysen von niemandem übertroffen werden konnten. Aus diesem Grund war er auch keineswegs enttäuscht darüber, nicht einmal – in einer kleineren oder größeren Gruppe – gemeinsam ein Fußballspiel im Fernsehen zu verfolgen. Das tat er allein vor seinem Laptop in seinem Zimmer. Und damit war er völlig zufrieden.

Nur eines passte nicht in sein Einzelgängertum hinein. Fußball war ein Mannschaftssport. So sehr er auch grübelte, seine Rolle als Außenseiter ließ sich nicht mit aktiver sportlicher Betätigung vereinbaren, schon gar nicht innerhalb eines Teams. Er hatte sich zwar im Garten seiner Eltern eine Ecke eingerichtet, in der er – ganz passabel, wie er fand – mit dem Ball jonglierte, Dribblings antäuschte und die Gartenhauswand mit harten Schüssen traktierte.

Aber mit dem eigentlichen Fußballspiel, den Matches, in denen es um etwas ging, hatte das alles natürlich wenig, streng genommen gar nichts zu tun. Er hatte sich bereits häufiger den Kopf darüber zerbrochen, wie er aus diesem Dilemma herauskommen könnte, doch bislang war keine auch nur ansatzweise praktikable Idee in seinem Kopf aufgeblitzt.

Das sollte sich von einem Tag auf den anderen ändern. Ein Neuer war in seine Klasse gekommen. Man hatte ihm ausgerechnet den freien Platz an seiner Seite zugewiesen. Eine Ungehörigkeit, wie Noah fand, denn über Jahre hinweg hatte er eine

Schulbank für sich allein verteidigt. Nun aber saß Eike neben ihm. Bereits nach wenigen Tagen musste Noah feststellen, dass ihm Eike durchaus sympathisch war. Sein Tischnachbar hatte eine Art an sich, die ihn einerseits aus der Masse der anderen heraushob, ihn andererseits aber ohne besondere Anstrengungen überall dazu gehören ließ. So auch bei der Fußballmannschaft des örtlichen Vereins, zu deren Mitglied er bereits nach wenigen Tagen wurde.

„Warum spielst du eigentlich nicht bei uns mit, Noah?“, fragte ihn Eike nach einer Schulstunde. „Man sieht doch, dass du sportlich bist, und es macht wirklich Spaß, mit den anderen Mädchen und Jungen zu trainieren. Wir überlegen gerade, vielleicht auch außerhalb des Fußballs etwas gemeinsam zu unternehmen.“ Eike war der einzige in seiner Klasse, mit dem sich Noah inzwischen bisweilen unterhielt, und Eikes erster Satz hatte, Noah musste sich das insgeheim eingestehen, durchaus seine Aufmerksamkeit gefunden. Doch als er hörte, dass auch andere gemeinsame Unternehmungen geplant seien, verlor er auf der Stelle das Interesse. „Nee, dies ewige hinterher Gerenne hinter einem Ball ist nichts für mich“, hörte er sich fast wider Willen sagen, „alle müssen die gleiche Kleidung tragen, sich in einer Kabine umziehen und tun, was der Trainer sagt. Das ist nicht meine Welt.“

„Na ja“, wandte Eike ein, „ganz so ist es wohl nicht. Natürlich tragen alle Spieler eines Teams die gleiche Kluft. Sonst könnte der Schiedsrichter die Mannschaften ja nicht unterscheiden. Aber wir dürfen dem Trainer durchaus widersprechen, eigene Vorschläge machen und auch selbst Übungseinheiten vorschlagen. Und wir bekommen taktische Vorgaben, weshalb nie alle hinter dem Ball herjagen. Das ist ein Vorurteil, das ich gar nicht von dir erwartet hätte." Noah musste seinem Banknachbarn insgeheim vollkommen Recht geben, doch das konnte er natürlich nicht so einfach eingestehen. „Das sind doch nur Wunschvorstellungen", entgegnete er, „in der Praxis sieht es doch ganz anders aus. Schau dir doch mal Felix Magath an. Wer sich gegen den ein Widerwort gestattete, war doch aus der Mannschaft raus. Oder Jürgen Klinsmann. Dessen Taktikvorgaben bestehen doch vornehmlich in unterschiedlichen Formen seines Grinsens. Und was ist Rudelbildung denn anderes, als dass Erwachsene ihren Streit nach Kindermanier austragen? Und wenn du einmal genau hinschaust: Selbst ein Kimmich hat sich bei der WM 2018 nicht an die Maßgaben seines Trainers gehalten. Schließlich besteht die Hauptaufgabe eines Verteidigers in der Absicherung und Stabilisierung der Defensive."

Noah hatte sich regelrecht in Rage geredet. Eike kam aus dem Staunen nicht mehr heraus. Was war denn das? Der sonst so wortkarge Noah redete wie ein Wasserfall. Und seine Worte zeugten von einer derartigen Fußballkenntnis, dass Eike fast vom Glauben abfiel. Eigentlich hatte er seine Frage, ob Noah bei ihnen mitspielen wolle, einfach nur mal so gestellt, ohne große Erwartungen. Und nun das. Verbarg Noah etwas vor ihnen? Hatte er ein Geheimnis, von dem niemand etwas wusste? So wie ich ihn bisher kennen gelernt habe, dachte Eike, wäre es ihm zuzutrauen. Oder mochte er vielleicht nur nicht zu seiner Fußballbegeisterung stehen? War dieser „Proletensport", wie der Fußball bisweilen abschätzig bezeichnet wurde, etwas, was nicht zu seinem Einzelgängertum passte? Etwas, wozu er sich nicht bekennen konnte, ohne dass sein Status als Außenseiter in Mitleidenschaft gezogen wurde? Das war schwer zu entscheiden. Aber Eike war nun neugierig geworden. Man müsste Noah irgendwie aus der Reserve locken, dachte er. Mal sehen, ob mir etwas einfällt.

Die passende Gelegenheit bot sich bereits nach wenigen Tagen. Ihr Physiklehrer war erkrankt und die Vertretung übernahm ein junger Referendar, der auch in der örtlichen Fußballmannschaft kickte. „Ihr habt sicherlich keine Lust, irgendwelche physikalischen Experimente durchzuführen", begann er, wohl auch, um einen Draht zu der ihm unbekannten Klasse zu bekommen, „und ich auch nicht. Hat denn jemand eine Idee, womit wir stattdessen leidlich sinnvoll den Unterricht bestreiten können?" Jetzt sah Eike seine Stunde gekommen. Er musste es nur geschickt genug anfangen, damit Noah nicht sofort eine Abwehrhaltung einnahm. „Ich hätte da einen Vorschlag zu machen", begann er. „Ich stelle eine Behauptung auf, und wer dazu etwas zu sagen hat, etwas Ernsthaftes und auf den Inhalt meiner Behauptung Bezogenes, der antwortet." „Das hört sich ja interessant an", nahm ihr junger Lehrer den Ball auf. „Ein solches Spiel ist mir zwar noch nie begegnet, aber lasst es uns einmal probieren. Wie ist denn dein Name?", wandte er sich an Eike. Dieser nannte seinen Namen und fuhr dann fort: „Bei der Fußball-WM 2018 hat Joshua Kimmich seine Position als Außenverteidiger auf eine Art interpretiert, die der Mannschaft erheblich mehr genutzt als geschadet hat."

In der Klasse herrschte Stillschweigen. Die Fußball-Interessierten wussten wohl etwas mit dem Namen Kimmich anzufangen, aber wie genau er vor zwei Jahren gespielt hatte und warum das zum Vorteil der Mannschaft gewesen sein sollte, darauf hatte niemand eine Antwort. Bis auf einen. Eike hatte seine Behauptung schließlich so formuliert, dass sie Noahs Widerspruch herausfordern musste. Auf diese Art wollte er Noah aus der Reserve locken. Und sein Plan war erfolgreich. „Dem kann man doch nicht zustimmen“, knurrte Noah, „ich habe selten größeren Blödsinn gehört. Kimmich besitzt natürlich fantastische offensive Fähigkeiten. Aber wie er, zum Beispiel gegen Mexiko, seine Defensivaufgaben nicht wahrgenommen hat, das war schon fahrlässig. Der Mannschaft hat es zudem überhaupt nichts genutzt, denn sie hat gegen Mexiko keinen einzigen Treffer erzielt. Und das Gegentor zur 0:1 Niederlage kam vor allem deswegen zustande, weil Kimmich seine rechte Seite sträflich vernachlässigt hatte.“

Noahs Klassenkameraden schauten einander an. Was war denn das? Solch eine lange Rede hatte man von Noah ja noch nie gehört. Und ausgerechnet zum Thema Fußball. Ratlos blickten sie auf Noah. Dieser war selbst erschrocken über sich. Was war denn da passiert? Was war denn über ihn gekommen, dass er sich – völlig überflüssigerweise, wie er sich jetzt eingestand – so aus dem Fenster gelehnt hatte? Aber Eike hatte auch so einen Mist erzählt. Kimmich zählte bei der WM doch wahrlich nicht zu den Leistungsträgern. Wenn es nach mir gegangen wäre, hätte ich ihn schon im ersten Spiel ausgewechselt, dachte er bei sich. Doch plötzlich starrten ihn alle Klassenkameraden an. Oh, war ihm das etwa rausgerutscht, hatte er alle an seinen Gedanken teilnehmen lassen? „Na ist doch wahr“, rief er mit lauter Stimme. Jetzt kam es nicht mehr darauf an, jetzt musste mal gesagt werden, was ihm schon lange auf den Nägeln brannte. „Wenn Löw nicht so einen Narren an Kimmich gefressen hätte, wäre der doch auf der Tribüne gelandet. Und überhaupt hätte man die Mannschaft doch ganz anders aufstellen müssen. Wenn man ..." Noah redete und redete, es sprudelte aus ihm heraus wie aus einem Wasserfall. Ihm war es auf einmal ganz egal, wie und was die Klasse über ihn dachte.

Der junge Referendar hatte das, was in dieser Klasse gerade geschah, zunächst mit Überraschung und einem Fragezeichen im Gesicht beobachtet, aber er sah keine Veranlassung einzugreifen. Und als er irgendwann begriffen hatte, was sich da gerade vor seinen Augen abspielte, wollte er diesem Treiben erst recht kein Ende bereiten. Er amüsierte sich prächtig, ohne dies die Klasse merken zu lassen. Und deshalb ließ er es auch zu, dass sich nach und nach alle um Noahs Bank versammelten und ihm staunend zuhörten. Plötzlich wurde Noah gewahr, was sich gerade ereignet hatte. Abrupt stoppte er seinen Redefluss. Was hatte er da angerichtet? Wie ließ sich die Uhr zurückdrehen? Doch Eike übernahm jetzt das Kommando. Noah durfte keine Gelegenheit bekommen, sich in sein Schneckenhaus zurückzuziehen. Er musste jetzt so in den Klassenverband eingebunden werden, dass er Freude empfand, dabei zu sein.

„Mensch Noah", begann Eike, „so habe ich das ja noch gar nicht gesehen. Aber du hast ja Recht. Und auch deine anderen Hinweise zur Aufstellung und so weiter waren ja vollkommen richtig." Zustimmendes Nicken begleitete Eikes Worte. Noah fühlte sich nun doch ein wenig geschmeichelt. Es war ein neues Gefühl, im Mittelpunkt einer Gemeinschaft zu stehen und gelobt zu werden, aber es war kein schlechtes. „Ihr könnt eure Fachsimpelei vielleicht auf dem Schulhof fortsetzen", mischte sich da der junge Lehrer ein. „Es hat gerade zur Pause geklingelt. Übrigens", wandte er sich nun direkt an Noah, „das war ja ein erstaunlich umfangreiches Wissen, das du von dir gegeben hast. Und deine Einschätzungen und Urteile waren fachlich untermauert, auch wenn ich sie nicht alle teile. Da habt ihr ja", wandte er sich an Noahs Klassenkameraden, „einen ausgewiesenen Fußball-Experten unter euch. Damit kann bestimmt kaum eine Klasse aufwarten." Auch über dieses Lob freute sich Noah zu seiner eigenen Überraschung sehr.

Eigentlich hatte Eike mit dem nächsten Schritt noch einige Zeit warten wollen. Er hatte nämlich, rein zufällig, Noah gerade erst bei seinem „Gartentraining" beobachtet und gesehen, was dieser auch fußballerisch drauf hatte. Irgendwann einmal, hatte er sich gedacht, werde ich daraus Kapital schlagen. Doch im Moment war die Gelegenheit zu günstig. Noah machte einen derart gelösten Eindruck, alle Anspannung schien von ihm abgefallen zu sein, dass Eike glaubte, das Wagnis bereits jetzt eingehen zu sollen. „Noah, nachdem du uns mit deinem Fußballwissen so beeindruckt hast“, begann er, „was hieltest du davon, uns zu zeigen, ob du auch etwas mit dem Ball anfangen kannst?“ Die Umherstehenden schauten erstaunt auf Eike. Was sollte das denn jetzt? Überzog er nicht gerade ein wenig? Eike war der einzige, der nicht ganz so überrascht war wie alle anderen, als sie die Antwort aus Noahs Mund vernahmen: „Das könnte ich mir schon vorstellen.“

Training im Regen

Der Wind pfiff kalt über den Platz. Regenschauer wechselten mit sonnigen Abschnitten. Doch die Sonne verschwand jetzt immer häufiger hinter den dunklen Wolken. Es war kein Tag, um Fußball zu spielen. Der Rasen war vom Regen durchweicht. Pfützen standen auf dem Platz. Niemand war zu sehen. Auch er war nur hier, weil sein Hund Auslauf benötigte. Normalerweise herrschte zu dieser Tageszeit auf dem Sportplatz rege Aktivität, die er sich gern anschaute. Bei diesem Wetter allerdings hatte er vollstes Verständnis dafür, dass der Trainingsbetrieb ruhte.

Doch plötzlich bewegte sich etwas. Am Sportheim öffnete sich eine Tür, ein Arm war zu erkennen, dann ein Bein mit einem Fußballschuh. Sollte etwa doch jemand Fußball spielen wollen? War das überhaupt zu verantworten? Er runzelte die Stirn. „Ich hätte mit ziemlicher Sicherheit darauf verzichtet“, dachte er bei sich, „schließlich muss man doch auf die Gesundheit der Kinder Rücksicht nehmen. Was kann schon so wichtig sein, dass man bei diesen katastrophalen Wetter- und Rasenbedingungen ans Fußballspielen denkt.“

Er wollte sich schon auf den Weg nach Hause machen, als es am Sportheim lauter wurde. Nach und nach erschienen immer mehr Kinder an der Tür. Sie waren zehn, elf, zwölf Jahre alt. Anfangs sah man nur Jungen, aber dann kamen auch einige Mädchen. Wollten sie tatsächlich in Regen, Wind und Matsch ein Spiel beginnen? Oder sollten sie trainieren? Ein Pfiff ertönte. Alle Kinder schauten erwartungsvoll zur Tür. Dort erschienen jetzt zwei Personen, eine Frau und ein Mann. Er kannte die beiden seit einigen Jahren. Sie hatten auf ihn immer einen verantwortungsbewussten Eindruck gemacht. Umso mehr wunderte es ihn, dass sie die Kinder jetzt diesen höchst unerfreulichen Wetterverhältnissen aussetzten.

Die Mädchen und Jungen liefen langsam hinter dem Mann hinterher, der immer die Aufwärmübungen leitete. Es begann also wirklich eine Trainingseinheit. Musste das bei diesem Wetter tatsächlich sein? Hätte man das Training nicht ausfallen lassen können? Oder in der Turnhalle ein Spielchen abhalten lassen können? So zumindest hätte er gehandelt. Dann wären die fußballbegeisterten Jungen und Mädchen auf ihre Kosten gekommen, ohne hinterher wie begossene Pudel auszusehen.

Doch halt, nun passierte etwas Seltsames. Ein großer Wagen rollte neben das Spielfeld. Auf seinem Dach befanden sich drei riesige Antennen. Aus dem Wagen stiegen vier Personen. Zwei Männer hielten große Kameras in den Händen, eine Frau ein Mikrofon. Die vierte Person, ebenfalls eine Frau, hatte sich ein langes Kabel um den Körper geschlungen. Was sollte denn hier passieren? Er war ein wenig verwirrt, trat dann aber aus Neugier noch einige Schritte näher heran.

Die Trainerin ging nun auf den Wagen zu. Sie wies auf den Himmel, aus dem der Regen unaufhörlich fiel, auf den Rasen, auf dem die Pfützen immer größer wurden, auf die Kinder, deren Haare bereits klatschnass waren, und schüttelte den Kopf. Die Frau mit dem Mikrofon zeigte auf ihre Uhr, stampfte energisch mit dem Fuß auf den Boden und schüttelte nun ebenfalls den Kopf. Was hatte das alles zu bedeuten? Er fand keine Erklärung, bis einzelne Wortfetzen zu ihm drangen. „Keine andere Möglichkeit", hörte er, „wir müssen", „geht nicht anders", und schließlich ein „packen wir es an."

Langsam näherten sich nun die Mädchen und Jungen dem Wagen. Neugierig beobachteten sie den Streit zwischen ihrer Trainerin und der fremden Frau. Sollten sie das Training fortsetzen oder lieber in die warme Umkleidekabine zurückkehren? Anscheinend hatten sich die beiden Frauen jetzt geeinigt. Die Männer mit den Kameras nahmen am Rande des Sportplatzes Aufstellung, die Kabel-Frau stellte sich dicht neben die Mikrofon-Frau und die Trainerin machte ein wichtiges Gesicht. Erstaunt schauten sich die Kinder an, bis eines von ihnen, ein sommersprossiges Mädchen mit zwei kecken Zöpfen, schließlich fragte: „Was geht denn hier ab? Vielleicht könnten wir auch mal informiert werden." Im Stillen gab er dem Mädchen völlig recht. So ging man heutzutage nicht mehr miteinander um.

Die Trainerin wandte sich jetzt an die Kinder, nickte der Fragestellerin kurz zu und begann mit erklärenden Worten: „Diese Leute sind vom Fernsehen. Sie wollen euch filmen, weil ihr eine so tolle und erfolgreiche Fußballmannschaft seid. Es sollte für euch eine Überraschung werden. Aus diesem Grund haben wir euch nicht vorher informiert. Schon morgen Abend wird der Film gesendet. Deshalb müsst ihr trotz des schlechten Wetters jetzt zeigen, was ihr alles könnt."

Das allerdings erwies sich als gar nicht so einfach. Plötzlich wurde das Spielfeld von Möwen belagert. Zunächst waren es nur einzelne Vögel, aber binnen kurzer Zeit hüpften, pickten und kreischten zahlreiche Möwen auf dem Sportplatz. Die Versuche der Kinder, die Vögel zu vertreiben, waren jeweils nur kurze Zeit erfolgreich. Umgehend kehrten die Möwen jeweils wieder zurück und begannen von Neuem mit ihrem Kreischkonzert. Die für die Sendung verantwortliche Frau zuckte schließlich mit den Schultern. „Unter diesen Bedingungen können wir keine Aufnahmen machen. Mit den schlechten Wetterbedingungen hätten wir ja noch fertig werden können, aber die Möwen ..."

Die Kinder blickten traurig und enttäuscht zu Boden. Aber er wusste, was zu tun war. Sein Schäferhund, der schon seit Minuten beim Anblick der vielen Vögel heftig an seiner Leine gezerrt hatte, würde dem Spuk ein Ende bereiten. „Einen Augenblick", rief er. „Ich denke, mein Hund wird die Möwen vertreiben können. Geht bitte alle an den Rand des Sportplatzes." Nach diesen Worten ließ er seinen Hund von der Leine. Und tatsächlich, was Kinder und Trainer nicht erreicht hatten, schaffte der Vierbeiner binnen kurzer Zeit. Laut kreischend flogen die Vögel davon. Bald war von ihnen nichts mehr zu sehen.

Die Augen der Mädchen und Jungen leuchteten. Nun könnte es doch noch klappen. Etwas, womit sie nie gerechnet hatten. Sie sollten im Fernsehen zu sehen sein! Voller Eifer begannen sie, die Anweisungen der Trainerin zu befolgen. Sie passten sich die Bälle exakt zu, dribbelten, liefen sich frei, spielten Doppelpass und schossen ein Tor nach dem anderen. Der Regen störte nicht mehr, der Wind war kaum noch zu spüren und die matsch-verdreckten Schuhe unwichtig. Die Kinder waren nicht zu bremsen. Und auch er selbst konnte sich vom Geschehen auf dem Sportplatz nicht losreißen. Es war eine Freude, den Kindern zuzusehen. Selten hatte er eine so intensive Trainingseinheit erlebt, an der alle, wirklich alle, mit Begeisterung teilnahmen. Ihm selbst war dies, das musste er sich eingestehen, eigentlich nie gelungen, obwohl er viele Jahre mit fußballbegeisterten Jugendlichen gearbeitet hatte.

Als die Trainerin nach einer halben Stunde das Training beenden wollte, bettelten die Mädchen und Jungen so lange, bis sie noch weiter spielen durften. Die Leute vom Fernsehen waren längst verschwunden, sie hatten genügend Aufnahmen gemacht. Den Kindern aber war das egal. Sie spielten jetzt nicht mehr für das Fernsehen, nicht mehr für die morgige Sendung, nicht mehr für die Trainerin, sondern nur noch aus reiner Freude. Fußball war einfach ein tolles Spiel und das bei jedem Wetter.

Nach einer Stunde scheuchte die Trainerin die Kinder unter die Dusche. Alle waren erschöpft, aber zufrieden. Und jetzt freuten sie sich auf morgen. Dann würden sie alle im Fernsehen zu sehen sein. Das war einfach toll! Auch er selbst würde sich die Sendung anschauen. Er würde zwar nicht auf dem Bildschirm erscheinen, aber immerhin hatte er einen kleinen Beitrag geleistet, der das Zustandekommen des Films erst ermöglicht hatte.

Die Rettung – in doppelter Hinsicht

Heulend betrat Amir die Umkleidekabine. „Was ist denn los?“, fragten ihn seine Mannschaftskameraden, „was hast du denn?“ „Ich darf nicht mehr mit euch Fußball spielen“, schluchzte Amir. „Warum das denn nicht“, fragte ihn Leon, der Mannschaftsführer. „Mein Vater hat es mir verboten. Er hat gehört, dass Sarah jetzt bei uns mitspielt und er will nicht, dass ich gemeinsam mit einem Mädchen in einer Fußballmannschaft kicke. ‚Das kommt überhaupt nicht in Frage‘, hat er zu mir gesagt. ‚Entweder das Mädchen verschwindet wieder aus deiner Mannschaft, oder du suchst dir einen anderen Verein. Kläre das sofort und glaube nicht, dass du mich noch umstimmen kannst. Das ist mein letztes Wort in dieser Angelegenheit.‘ Und deshalb muss ich jetzt darauf verzichten, weiter mit euch zusammen zu spielen, obwohl es mir doch so gut gefallen hat.“

Amir gehörte seit einem halben Jahr zu ihrer Fußballmannschaft. Er war mit seinen Eltern und seiner kleinen Schwester aus Syrien gekommen, von wo sie vor dem Bürgerkrieg geflüchtet waren. In Damaskus, der syrischen Hauptstadt, hatte er eine deutsche Schule besucht. Deshalb konnte er sich in seiner neuen Umgebung gut verständigen. Er schaffte es umgehend, Anschluss in Schule und Sportverein zu finden. Da er zudem ein keineswegs schlechter Fußballer war, hatte er sich schnell zu einem vollwertigen und anerkannten Mitspieler entwickelt. Niemand in ihrer Mannschaft konnte sich inzwischen noch vorstellen, ohne Amir ein Spiel zu bestreiten. Und auch Amirs Eltern hatten zumeist ihren Spielen zugeschaut, beifällig genickt, manchmal sogar regelrecht begeistert geklatscht. Das alles sollte jetzt vorbei sein? Nur weil ein Mädchen bei ihnen mitspielte? Das war doch inzwischen nichts Besonderes mehr. Mädchen fand man in vielen Jungenmannschaften, denn häufig genügte ihre Anzahl nicht, um eine eigene Mädchenmannschaft zu bilden.

Leon und seine Mannschaftskameraden waren wie vor den Kopf gestoßen. Sarah zählte ebenso wie Amir zu ihren Leistungsträgern und sie wollten weder auf die eine noch auf den anderen verzichten. Was aber konnten sie tun? Mit Amirs Vater zu reden, machte wohl wenig Sinn, dafür hatte er sich zu eindeutig geäußert. Zudem hatte Amir sich bereits einige Male über die Starrsinnigkeit seines Vaters beklagt. Für Amirs Vater war es selbstverständlich, dass Mädchen und Jungen unterschiedlich behandelt wurden. Dies praktizierte er in seiner Familie und er bestand anscheinend darauf, dass dieser Grundsatz auch in Amirs Umfeld galt, dass man sich dort seinen Vorstellungen anpasste.

Sie konnten natürlich alles mit ihrem Trainer besprechen, aber damit war noch gar nichts erreicht. Es war zu erwarten, dass ihr Trainer ebenso seinen Kopf schütteln würde über das Verhalten von Amirs Vater, aber mehr war von ihm nicht zu erhoffen. Er hatte bereits einige Male bei Konflikten mit Amirs Eltern den Kürzeren gezogen. Wenn sie Amir helfen wollten, mussten sie sich etwas anderes einfallen lassen, etwas, das Amirs Vater umstimmen könnte.

Sie saßen, nachdem Amir sich verabschiedet hatte und gegangen war, noch lange beieinander. Doch niemand hatte eine rettende Idee. „Da werden wir am Sonntag wohl ohne Amir antreten müssen, und ausgerechnet jetzt spielen wir gegen den Spitzenreiter“, meinte Leon. „Wir werden aber trotzdem unser Bestes geben und vielleicht reicht es ja zu einem knappen Sieg. Treffpunkt ist um 10 Uhr, wie immer auf dem Parkplatz vor der Kirche. Seid bitte pünktlich. Wir fahren dann mit dem Vereinsbus zum Auswärtsspiel. Und vielleicht hat ja bis dahin jemand von euch eine Idee, wie man Amirs Vater umstimmen könnte.“

Am Sonntag starteten sie ihre Fahrt zum Spitzenreiter in der festen Hoffnung, dort etwas ausrichten zu können. Doch daraus wurde nichts. Es hagelte eine deftige 0:5 Klatsche. „Ohne Amir sind wir einfach zu ausrechenbar“, fasste Leon das Spiel in der Umkleidekabine zusammen, „es fehlen uns seine Impulse und überraschenden Ideen. Wir müssen es irgendwie schaffen, dass Amir wieder bei uns mitspielen darf. Hat denn keiner von euch eine Idee?“ Leon blickte in die Runde, aber er sah nur allgemeines Kopfschütteln. Es war zum Verrücktwerden. Plötzlich öffnete sich die Tür und ihr Trainer betrat den Raum. Alle wussten, er hatte unmittelbar nach dem Spiel telefonisch mit Amirs Vater Kontakt aufnehmen wollen um zu versuchen, diesen umzustimmen. Gespannt blickten sie dem Trainer entgegen. Hatte er es geschafft? Würde Amir wieder bei ihnen mitspielen können?

Doch als sie den gesenkten Blick ihres Trainers sahen, wussten sie bereits ohne Worte, dass sein Vorhaben gescheitert war und er Amirs Vater nicht hatte umstimmen können. „Der ist sowas von starrköpfig, mit dem kann man überhaupt nicht vernünftig reden", beklagte sich ihr Trainer. „Der einzige Vorschlag, den er unterbreitet hat, war, Sarah aus der Mannschaft zu werfen, aber das habe ich natürlich rundweg abgelehnt. Wir müssen also sehen, wie wir zukünftig ohne Amir zurechtkommen."

Betrübt machten sie sich auf den Rückweg. Dass ihnen auch nichts einfallen wollte, womit sie Amirs Rückkehr in ihre Mannschaft hätten befördern können. An der Kirche stiegen sie aus dem Vereinsbus und begannen, sich mit trauriger Miene voneinander zu verabschieden. Da sahen sie auf der anderen Straßenseite Amir mit seiner Familie spazieren gehen. Amir winkte ihnen verlegen zu. Er hatte wohl schon von der Pleite seiner Mannschaft gehört. Auch Amirs kleine Schwester Mara, mit einem Kopftuch bekleidet, winkte, aber sie hatte mehr mit dem Terrier zu tun, den sie an einer Leine führte. Sie verdiente sich manchmal etwas Geld hinzu, indem sie mit dem Hund spazieren ging. Plötzlich brach der Terrier in lautes Gekläff aus, zerrte an seiner Leine, riss sich los und rannte auf die Straße. Mara lief ihm sofort hinterher, denn sie trug doch die Verantwortung für den Hund. Sie hatte nur Augen für den Terrier, achtete überhaupt nicht auf den Autoverkehr und geriet deshalb in große Gefahr. Ein Lastwagen steuerte auf sie zu und allem Anschein nach würde es dem Fahrer nicht gelingen, sein Gefährt rechtzeitig vor Mara zum Stehen zu bringen. Amirs Vater rief lautstark: „Mara, zurück, zurück", seine Frau schlug verzweifelt ihre Hände vor das Gesicht, Leon und seine Kameraden schauten sich die Szene mit offenen Mündern an. Alle waren vor Schreck unfähig, auch nur die geringste Reaktion zu zeigen.

Doch halt, das stimmte nicht ganz. Wie ein Wirbelwind war Sarah auf die Straße gelaufen, hatte Maras Hand ergriffen und das Mädchen mit Schwung auf den Bürgersteig geschleudert, direkt vor die Füße von Amirs Vater. Dort landete auch Sarah selbst, und weil der Terrier den gegenüberliegenden Bürgersteig

ebenfalls wohlbehalten erreicht hatte, war glücklicherweise nichts passiert. Alle waren mit einem gehörigen Schrecken davongekommen. Auch der Lastwagenfahrer zeigte sich erleichtert und lobte Sarah und ihre tolle Reaktion in höchsten Tönen. „Ich hätte mein Fahrzeug wohl nicht mehr rechtzeitig zum Stehen bringen können. Es ist nur diesem mutigen Mädchen zu verdanken, dass nichts passiert ist. Wir alle können froh darüber sein", wandte er sich an Sarah, „dass du so gedankenschnell gehandelt hast. Und du selbst darfst ganz sicher ein wenig stolz darauf sein, dass du dieses kleine, unvorsichtige Mädchen gerettet hast. Ich könnte mir gut vorstellen, dass ihr Vater eine kleine Belohnung springen lässt."

Mit diesen Worten wandte er sich an Amirs Vater, doch zu seiner Überraschung sah er keinen aufatmenden, strahlenden Mann mit leuchtenden Augen, der seine kleine Tochter im Arm hielt, sondern jemanden, der verlegen, betreten und mit niedergeschlagenen Augen zur Seite blickte. Der Lastwagenfahrer verstand die Welt nicht mehr. Doch allen anderen ging auf, dass Amirs Schwester ausgerechnet von derjenigen Person gerettet worden war, die ihr Vater hatte aus der Fußballmannschaft entfernen lassen wollen. Niemand sagte ein Wort, alle schauten auf Amirs Vater. Wie würde er reagieren? Würde er sich zumindest bei Sarah bedanken? Amir wollte sich gerade an seinen Vater wenden, als dieser aufblickte, sich straffte, auf Sarah zuging und ihre Hände ergriff. „Ich glaube, ich muss mich nicht nur von ganzem Herzen bei dir für die Rettung meiner Tochter bedanken, sondern ich muss mich auch", Amirs Vater atmete noch einmal tief durch, „ich muss mich auch bei dir entschuldigen. Wie konnte ich nur derart dumm sein zu verlangen, dass ein so mutiges Mädchen wie du nicht gemeinsam mit meinem Sohn Fußball spielen darf. Es tut mir unendlich leid, dass ich so engstirnig war. Amir, ich hoffe, du kannst mir verzeihen. Und ihr, meine liebe Fußballmannschaft auch. Ich werde euch zukünftig bei jedem Spiel anfeuern und besonders Sarah."

Eine zweite Chance

„Da muss sich endlich mal etwas ändern“, rief Sören in die Runde. „Wir wechseln die Trainer ja wie ich meine Unterhose.“ Das war zwar etwas übertrieben, aber keineswegs gänzlich falsch. Seit Manfred krank geworden war, hatte sie niemand mehr über eine längere Zeit betreut. Immer waren alle nur eingesprungen, mal für eine Woche, mal für einen Monat. Aber niemals mit der Ansage, die Mannschaft zumindest bis zum Ende der Saison zu übernehmen. Eine konstante Zusammenarbeit kam so nicht zustande und entsprechend waren auch die Leistungen: Bisweilen klappte es ganz gut, man siegte durchaus zwei-, dreimal hintereinander, aber dann kamen auch wieder Einbrüche. Die fraglos erklärbar waren. Immer wieder wurde das System gewechselt, mal mit Dreier-, dann mit Viererkette gespielt, mal mit nur einem Stoßstürmer, dann wieder mit zwei oder drei echten Angreifern, mal mit einer Stärkung der Defensive, mal mit offensiver Ausrichtung. Aber eben ohne Stetigkeit.

„Warum ist denn niemand bereit, bei uns das Traineramt zu übernehmen“, fragte Jacob. Er war der Umtriebigste, wenn es darum ging, einen neuen Verantwortlichen für die Mannschaft zu finden. Mit wem hatte er nicht schon alles gesprochen! Bei den Herrenmannschaften war er in der Kabine aufgetaucht, Trainer anderer Jugendteams hatte er zu überreden versucht, hatte sie quasi abwerben wollen, auch mit älteren Jugendlichen hatte er gesprochen, aber alle hatten abgewinkt. Alle behaupteten, nicht genügend Zeit für den Job erübrigen zu können. Sicherlich war zweimal wöchentlich Training und in der Regel am Wochenende ein Spiel mit einem gewissen Zeitaufwand verbunden. Doch es kam noch etwas anderes hinzu, wie Jacob sich bereits seit längerem eingestanden hatte: Sie waren ein fußballerisch zwar durchaus fähiger, aber nicht unbedingt einfach zu bändigender Haufen. Das lag nicht in erster Linie daran, dass Spieler aus fünf Nationen zu seinem Team gehörten, sondern an überzogenem Ehrgeiz, wenig Kompromissbereitschaft und ausgeprägtem Egoismus. Derartige Eigenschaften waren für einen Mannschaftssport wenig hilfreich. Umso wichtiger war die steuernde Hand eines Trainers.

Doch was konnte man tun? Eigentlich hatte man alles Erdenkliche versucht, aber ohne Erfolg. Und so würden sie heute das erste Mal ohne Trainer in ein Spiel gehen. Jürgen, ihr letzter Aushilfscoach, hatte sich in den Urlaub verabschiedet. Mit ihm sei aber auch nach seiner Rückkehr nicht mehr zu rechnen, hatte er erklärt. Sören, ihr Mannschaftsführer, und Jacob waren bereit gewesen, für eine kurze Übergangszeit die Verantwortung zu übernehmen, aber eine dauerhafte Lösung der Trainerfrage war das natürlich nicht. „Hey, hört mal", sprach Sören die versammelte Mannschaft an, „wir beginnen heute in derselben Aufstellung wie am letzten Wochenende. Da hat es doch gut geklappt und wir haben deutlich gewonnen.“

Doch dieses Mal funktionierte wenig, die Fehlpässe häuften sich und so lag man nicht unverdient mit 0:2 zur Pause zurück. Alle Spieler hatten sich zur Besprechung auf dem Rasen niedergelassen. Zu ihrer Überraschung sahen sie plötzlich einen zerlumpten Mann auf sich zukommen. „Ich möchte mich keineswegs einmischen“, hörten sie ihn sagen, „aber wenn ihr zwei kleine Veränderungen vornehmt, könnte es vielleicht besser laufen.“ „Alter, was willst du denn hier“, spottete Claas, „so schlau wie du sind wir schon lange. Lass uns bloß in Ruhe!“ Der ungepflegte Mann zuckte mit den Schultern und drehte sich um. Doch Sören hatte irgendwie ein seltsames Gefühl, als er den Mann davongehen sah. „Warten Sie bitte einen Augenblick“, rief er ihm nach. Langsam entstanden in seinem Kopf einige Bilder von Geschehnissen, die er vormals gar nicht richtig wahrgenommen hatte. Diese Gestalt, die wie ein Bettler aussah, war nicht das erste Mal bei einem Spiel von ihnen anwesend. Bei vorangegangenen Begegnungen hatte er auch schon, etwas versteckt, am Rand gestanden, bisweilen kurz Beifall geklatscht, manchmal mit dem Kopf geschüttelt und – Sören glaubte es jetzt noch zu hören – auch einmal etwas ins Spiel hineingerufen. Aber niemand

hatte darauf geachtet oder ihn gehört. Wer mochte dieser Mann sein? Vielleicht könnte er ihnen ja in irgendeiner Form helfen?

„Lasst uns kurz hören, was er uns sagen will“, wandte sich Sören an seine Mannschaftskameraden, „wir sind doch mit unserem Latein am Ende. Schlechter kann es nicht werden. Vielleicht bringt es ja was.“ Und an den Zerlumpten gewandt setzte er hinzu: „Also, was sollen wir verändern, was können wir besser machen?“ Der Angesprochene erklärte ihnen in wenigen, knappen Sätzen, welche Korrekturen sie vornehmen könnten. Dann entfernte er sich mit schnellen Schritten und blieb erst in großem Abstand von ihnen stehen. „Das hörte sich gar nicht so schlecht an“, meinte Jacob, und Sören ergänzte: „Wir haben doch nichts mehr zu verlieren. Keiner hat eine bessere Idee, also lasst uns in der zweiten Halbzeit so spielen, wie uns der Alte geraten hat. Einverstanden?“ Zögernd und mit einem zweifelnden Gesichtsausdruck nickten die meisten. Zu ihrer eigenen Überraschung waren die Ratschläge des Zerlumpten äußerst hilfreich. Jetzt klappte es mit der Raumaufteilung, Sicherheit kam in ihr Spiel zurück und am Ende stand ein kaum noch für möglich gehaltener 4:2 Sieg.

„Das haben wir in erster Linie, wenn nicht sogar ausschließlich, dem Alten zu verdanken“, gestand Claas selbstkritisch ein, „wer er wohl sein mag?“ Alle zuckten nur mit den Schultern. „Offensichtlich versteht er etwas vom Fußball“, fuhr Claas fort. „Vielleicht sollte man ihn fragen, ob er bereit wäre, uns auch zukünftig den einen oder anderen Rat zu geben.“ Als Claas den Blick schweifen ließ, sah er nur kopfschüttelnde Mitspieler. Sein Vorschlag schien bei allen auf Ablehnung zu stoßen. Einzig Sören unterstützte seine Anregung. „Claas‘ Überlegung hat durchaus ihre Berechtigung“, dozierte er, „wir sind auf Hilfe angewiesen, das hat das heutige Spiel gezeigt. Und der einzige, der uns unterstützt hat, ist der Alte gewesen. Wir sollten sein Äußeres nicht zu hoch bewerten. Fußballverstand hat er zumindest allemal. Wenn ihr einverstanden seid, erkundige ich mich mal, um wen es sich bei dem Alten handelt. Dann können wir immer noch entscheiden, ob wir ihn um Hilfe bitten wollen.“ Nicht alle schienen Sörens Meinung zu sein, doch jedem war klar, dass sie keine andere Wahl hatten. So stimmten sie seinem Vorschlag schließlich zu.

Was Sören seinen Mannschaftskameraden vor dem nächsten Training mitteilte, war für alle eine große Überraschung. „Die zerlumpte Gestalt ist in unserem Verein kein Unbekannter“, begann er zu erzählen. „Vor zwanzig Jahren war er einer der besten Fußballer, ein offensiver Mittelfeldspieler mit viel Übersicht. Dann aber ging es mit ihm bergab. Seine Freundin verließ ihn, er verlor seinen Arbeitsplatz und er trank immer häufiger zu viel Alkohol. In betrunkenem Zustand hat er hier auf dem Platz und im Vereinsheim manches Unheil angerichtet. Deshalb darf er seit vielen Jahren die Sportanlagen gar nicht mehr betreten. Der Vorstand weiß, dass er seit einiger Zeit hier manchmal wieder auftaucht. Solange er nicht unangenehm auffällt, ist man bereit, seine Anwesenheit zu dulden. Mit ihm zu tun haben möchte man aber nichts mehr.“

Damit war der Fall klar. Der Alte konnte ihnen bei der Bewältigung ihres Problems nicht helfen. Das war zwar irgendwie schade, denn er hatte ja ohne Zweifel Interesse an ihrer Mannschaft gezeigt. Und von Fußballverstand hatten seine Anregungen auch gezeugt, das mussten alle im Nachhinein zugeben.

„Ich meine nicht, dass ihr euch unbedingt den Anweisungen eures Vorstandes beugen müsst“, hörten sie plötzlich eine weibliche Stimme. Wer war das denn jetzt schon wieder? Am Sonntag tauchte wie aus dem Nichts eine Lumpengestalt mit Fußballverstand bei ihnen auf, heute mischte sich eine Frau mittleren Alters in ihre Angelegenheiten ein. „Das ist meine Mutter“, sagte Erik leise aus dem Hintergrund. „Ich habe ihr von unserem sonntäglichen Erlebnis erzählt. Sie kennt den Alten, der eigentlich noch gar nicht so alt ist. Meine Mutter hat mit ihm gemeinsam die Grundschule besucht“. „Ja“, fiel die Frau ihrem Sohn ins Wort, „Ingo hat viele Schicksalsschläge erlebt. Ich habe früher mit ihm zusammen gefeiert, da war er ein lustiger, hilfsbereiter junger Mann, in dessen Gegenwart man sich wohl fühlte. Ich will das, was danach geschah, nicht entschuldigen, da ist in der Tat vieles danebengegangen. Aber ich habe gehört, dass er bereits seit einigen Jahren dem Alkohol abgeschworen hat und gern in die Gemeinschaft des Ortes zurückkehren möchte. Da werden ihm allerdings viele Steine in den Weg gelegt. Vielleicht könnt ihr ja diejenigen sein, die ihn bei seinem Neuanfang unterstützen?“

Das waren zu viele Informationen auf einmal. Jetzt musste erst einmal sortiert und überlegt werden. Aber es dauerte gar nicht lange, da hatte sich die Mannschaft einstimmig auf eine Vorgehensweise geeinigt. Man wollte das Gespräch mit Ingo suchen. Und nicht nur das, man wollte ihn auch dazu bringen, die Position des Trainers in ihrer Mannschaft zu übernehmen. Den vorhersehbaren Streit mit dem Vorstand beabsichtigte man mit einem schon häufig genutzten, aber immer noch schlagkräftigen Wort zu führen: „Jeder hat eine zweite Chance verdient“. Eriks Mutter, die sich seit Jahren ehrenamtlich im Ort engagierte, versprach, ihre Kontakte zu nutzen, um für Ingo ein gutes Wort einzulegen.

Sören, Claas und Jacob machten sich einige Tage später zu Ingos Behausung auf, einer Bruchbude am Waldesrand unweit des Sportplatzes. Was sie sahen, überraschte sie nicht wenig. Ingo war damit beschäftigt, die Fenster seiner Hütte zu erneuern.

Sein nackter Körper war Schweiß überströmt, aber er machte einen durchaus fitten Eindruck. Seinen langen, verfilzten Bart hatte er entfernt, und so blickte den drei Jungen ein verschmitzt grinsender, sympathischer Mann mittleren Alters entgegen. „Ja, ich hätte schon Interesse“, hörten die drei ihn sagen, „wenn ihr mir die Möglichkeit geben wollt, bei euch als Trainer einzusteigen, wäre ich dazu bereit.“ Die drei staunten. Was hatten sie sich alles überlegt, was sie Ingo sagen wollten, und nun das. So einfach hatten sie es sich nicht vorgestellt, aber umso besser. Da musste wohl jemand vorgearbeitet haben, und sie ahnten auch, wer. Aber sie nahmen es Eriks Mutter nicht übel.

Jetzt galt es nur noch, den Vorstand zu überzeugen, denn dieser musste Ingos Trainertätigkeit seine Zustimmung geben. Und das war gar nicht so einfach. „Wer sagt uns denn, dass er nicht rückfällig wird", „er war schon immer unzuverlässig", „wir haben eine besondere Verantwortung, wenn es um die Betreuung unserer jugendlichen Sportler geht", so und ähnlich klang es den Jungen entgegen, als sie Kontakt zum Vorstand aufnahmen. Damit hatten Sören und seine Kameraden aber gerechnet. Als sie merkten, dass der Vorstand ihrem Wunsch nicht nachkommen wollte, setzten sie eine bereits vorbereitete Unterstützungsaktion in Gang. Die Mitglieder des Vorstandes erhielten nun Telefonanrufe, Mails, Briefe, sie wurden auf der Straße und am Arbeitsplatz angesprochen, ja selbst in der Sauna mussten sie sich immer wieder den einen Satz anhören, der im Mittelpunkt aller Bemühungen stand: „Jeder hat eine zweite Chance verdient".

Diesem öffentlichen Druck konnten die Vorstandsmitglieder nicht lange standhalten. Sie hatten dem Argument der zweiten Chance zudem wenig entgegenzusetzen. So kam es tatsächlich zu einem Happy End, das seinen Namen verdiente. Niemand fühlte sich als Verlierer. Dass die Fußballmannschaft auf der Jahreshauptversammlung des Vereins noch eine besondere Ehrung erfuhr, war eigentlich zweitrangig. Viel wichtiger für Sören und seine Mannschaftskameraden war, dass der Fußball nun wieder im Vordergrund stehen konnte, und das mit einem Trainer, der versprochen hatte, ihnen über Jahre hinweg die Treue zu halten.

Einmal mit Einlaufen

„Ich habe da so eine Idee, hört mir doch bitte einmal zu", rief Birger, nachdem sie ihr Training beendet hatten und in die Umkleidekabine zurückgekehrt waren.

„Nicht schon wieder eine Idee", „hat das denn nie ein Ende", „lasst ihn doch mal reden", „manchmal ist es ja nicht ganz schlecht", „er will sich nur wieder aufspielen", schallte es aus allen Ecken des Umkleideraumes. Birger schaffte es zunächst nicht, die ungeteilte Aufmerksamkeit aller Mannschaftskameraden auf sich zu ziehen. Erst als sich die Tür öffnete und der Trainer eintrat, verstummten die lauten Stimmen. Alle schauten jetzt aufmerksam auf ihren Übungsleiter.

„Ich habe mitbekommen, was Birger gerade gesagt hat. Es dürfte sich dabei in etwa um seinen 45. Vorschlag in diesem Jahr handeln. Aber manche waren tatsächlich nicht schlecht. Hören wir uns doch erst einmal an, welche Idee sich dieses Mal in Birgers Kopf eingenistet hat. Nein sagen können wir immer noch. Das haben wir schließlich bereits des Öfteren getan."

Birger, der ganz gern im Mittelpunkt stand, kletterte auf eine

Sitzbank, damit ihn alle Mitspieler gut hören und sehen konnten. „Ich habe“, begann er, „immer wieder die Mädchen und Jungen beneidet, die bei Bundesliga-Begegnungen mit den Spielern beider Mannschaften und den Schiedsrichtern gemeinsam einlaufen. Für kurze Zeit gehören sie einfach dazu. Sie können den Jubel der vielen, vielen Zuschauer genießen, können ins Publikum winken und den einen oder anderen Spieler abklatschen. Ich fände es ganz toll, wenn wir auch einmal eine Auflaufmannschaft stellen könnten. Das dürfte doch nicht unmöglich sein.“

Beifall heischend schaute sich Birger um. Zunächst herrschte eine fast unheimliche Stille, doch dann brach es aus den Jugendlichen heraus: „Tolle Idee“, „das machen wir“, „das wird eine geile Sache“, „Birger, du bist der Größte“, „wann kann es losgehen“, hörte man jetzt in der Umkleidekabine. Alle Jungen waren aufgesprungen und versammelten sich um Birgers Sitzbank. Sie warteten darauf, dass Birger Einzelheiten seines Vorschlages darlegte, doch so weit hatte dieser noch gar nicht gedacht, wie er einräumen musste.

Stattdessen meldete sich jetzt der Trainer zu Wort. „Auch ich finde Birgers Vorschlag ganz toll. Aber es wird nicht so einfach werden, das umzusetzen. Ich weiß, dass viele Fußball-Jugendmannschaften großes Interesse daran haben, einmal mit in ein Bundesliga-Stadion einzulaufen. Man muss sich dafür bei einem Verein bewerben, kommt auf eine lange Liste von interessierten Mannschaften und – vielleicht – erreicht uns dann irgendwann eine Zusage. Es kann aber passieren, dass ihr gar nicht mehr alle dieser Mannschaft angehört. Trotzdem sollten wir es versuchen. Ich bin bereit, Kontakt zu unserem benachbarten Bundesliga-

Verein aufzunehmen. Wer hätte denn Lust, mich zu unterstützen?"

Sofort gingen alle Arme in die Höhe. Der Trainer konnte sich ein kleines Grinsen nicht verkneifen. „Birger sollte dabei sein, das ist klar. Und dann noch … Johannes und Joris". Die drei genannten Jungen schauten begeistert, alle anderen etwas enttäuscht drein. Aber der Trainer fand gleich die richtigen Worte: „Wichtig ist schließlich, dass wir Birgers Idee in die Tat umsetzen. Und wenn es klappt, gehört ihr doch alle zu der Einlaufmannschaft."

So einfach, wie es sich die Jungen in der Umkleidekabine ausgemalt hatten, ließ sich Birgers Vorschlag allerdings beileibe nicht verwirklichen. Der Bundesligist teilte, wie befürchtet, mit, dass die Warteliste für Auflaufmannschaften lang sei und man nicht damit rechnen könne, noch in dieser Saison berücksichtigt zu werden. Man werde sich aber melden, sobald Aussicht bestünde.

Eine andere, möglicherweise noch heiklere Sachlage kam hinzu. Der Bundesligist war keineswegs erfolgreich in die Saison gestartet und befand sich jetzt in akuter Abstiegsgefahr. Sollte die Klasse nicht gehalten werden können, wäre der Anreiz, als Einlaufmannschaft aufzutreten, bei weitem nicht mehr so groß – fanden jedenfalls Birger und seine Mannschaftskameraden. Deshalb drückten sie dem benachbarten Bundesligisten jedes Wochenende kräftig die Daumen.

Nachdem sie anfangs noch bei jedem Training und Spiel nachgefragt hatten, ob bereits eine Zusage eingegangen sei, verlor diese Angelegenheit mit der Zeit ein wenig an Bedeutung. Die Wahrscheinlichkeit wurde mit jeder Woche geringer, dass noch eine Zusage für diese Saison eintreffen würde. Und der Bundesligist selbst geriet in immer größere Abstiegsgefahr.

Eines Tages aber kam der Trainer mit einem breiten Grinsen in die Umkleidekabine. „Ratet einmal, von wem ich heute Post bekommen habe.“ Die Antwort fiel ebenso einhellig wie laut aus. „Von unserem Bundesligisten“, hallte es dem Trainer entgegen, und sein Nicken fand jubelnde Begeisterung. „Es gibt bei der Zusage allerdings noch einen kleinen Haken. Wir sind für das letzte Spiel der Saison vorgesehen, es geht dann gegen den Spitzenreiter“, wieder fand der Jubel keine Grenzen, „aber noch eine weitere Jugendmannschaft hat eine Zusage bekommen, und mit dieser müssen wir noch in einen Wettstreit treten, der darüber entscheidet, wer tatsächlich mit der Bundesliga-Mannschaft auflaufen darf.“

Zunächst herrschte betretenes Schweigen, aber sehr schnell machten sich Kampfeswillen, Einsatzbereitschaft und auch ein gewisser Optimismus breit, denn als sie hörten, was von ihnen erwartet wurde, sahen sie ihre Siegeschancen beträchtlich steigen: Jeder von ihnen sollte innerhalb einer Woche die Aufnahme eines möglichst spektakulär erzielten Tores an den Bundesligisten senden. Dort würde die beste Darbietung ausgewählt werden. Das Team, von dem dieses Video stammte, erhielte dann den Zuschlag als Auflaufmannschaft. „Das packen wir“, schrie Tom, und Johannes ergänzte: „Wenn nicht wir, wer dann.“

Der Trainer bemühte sich, die sogleich aufkommende Hochstimmung etwas zu bremsen. Doch auch er musste nach Tagen der Videoaufnahmen eingestehen, dass seine Jungs höchst sehenswerte Tore produziert hatten, ob Fallrückzieher, Dropkick in den Winkel oder Kopfballstafette mit anschließendem Seitfallzieher. Und tatsächlich dauerte es nur zehn Tage, bis feststand, dass Birger und seine Kameraden gemeinsam mit der Mannschaft des Bundesligisten zu ihrem letzten Spiel (der Abstieg war nicht mehr zu vermeiden) den Rasen betreten würden.

Nun hieß es nur noch warten. Die Tage dehnten sich. Birger hatte extra einen Kalender in die Umkleidekabine gehängt, auf dem jeder Tag abgestrichen wurde, der vor dem herbeigesehnten letzten Bundesligaspieltag lag. Die Jungen rätselten, an wessen Hand sie wohl ins Stadion einmarschieren würden. Dürften sie sich den Spieler selbst aussuchen, oder würde ihnen einer zugeteilt werden? Natürlich hatte jeder seinen Liebling, aber das wichtigste war doch die Teilnahme. So wuchs die Vorfreude beständig, bis der Trainer eines Nachmittags mit ernster Miene vor sein Team trat und verkündete, er habe einen Brief des Betreuers der unterlegenen Mannschaft erhalten, dessen wichtigste Zeilen er gern vorlesen wolle.

„Wir gönnen euch von Herzen euren Auftritt beim Bundesligisten. Auch wir wären gern dabei gewesen. Meine Mannschaft ist ein sogenanntes Integrations- und Inklusionsteam. Bei uns spielen also Deutsche und Ausländer, Jugendliche mit und ohne Behinderung in einer Elf. Dies ist ein ziemlich einmaliges Experiment und es geht leider auch seinem Ende entgegen. Manche Kinder müssen in ihre Heimat zurückkehren (obwohl sie sich bei uns hervorragend eingelebt haben), manche wollen den Verein wechseln, die finanzielle Unterstützung für die behinderten Jungen läuft aus und unser Trainer wird seine Arbeit aus gesundheitlichen Gründen ebenfalls nicht fortsetzen können. Weil wir all dies schon früh wussten, hatten wir die ganze Saison hindurch auf einen unvergesslichen Abschied hingearbeitet. Eine mündliche Zusage des Bundesligisten war bereits erfolgt, aber nun stehen wir vor einem Scherbenhaufen, alle Spieler sind total enttäuscht und wir können ihnen in der Kürze der Zeit auch keine nur halbwegs vergleichbare Abschiedsveranstaltung anbieten. Deshalb erlaube ich mir die leise Anfrage, ob nicht vielleicht doch meine Integrations- und Inklusionsmannschaft anstelle der eurigen zum letzten Spiel des Bundesligisten auflaufen darf."

In der Umkleidekabine herrschte für einige Sekunden gespanntes Schweigen, doch dann kamen die ersten Protestrufe: „Auf keinen Fall", „das lassen wir uns nicht nehmen", „die Chance bekommen wir nie wieder", „wir haben ein Recht darauf", „das kommt überhaupt nicht in Frage". Lautstarker Unmut machte sich breit und der Trainer musste sein gesamtes stimmliches Volumen aufbieten, um sich Gehör zu verschaffen.

„Ich bin auch nicht glücklich über den Inhalt dieses Briefes. Ihr werdet hier vor eine Entscheidung gestellt, die immer einen Verlierer hat. Es gibt keine Lösung, die beide Mannschaften glücklich macht. Wir haben aber noch einige Tage Zeit, bevor wir eine Antwort abschicken müssen. Denkt also in aller Ruhe darüber nach, wie ihr entscheiden wollt, beratet euch untereinander und sprecht mit euren Eltern oder anderen Vertrauenspersonen. Lasst uns dann in drei Tagen wieder zusammentreffen, Argumente austauschen und zu einem Entschluss kommen."

Betroffen verließen die jungen Fußballer den Umkleideraum. Bei den meisten machte sich Trotz breit. Warum sollten sie auf einen derartigen Höhepunkt verzichten? Sie hatten sich doch schließlich sportlich durchgesetzt. Und nach dem Abstieg des Bundesligisten kämen in der nächsten Saison keine hochklassigen Mannschaften mehr. Hier bot sich ihnen tatsächlich eine letzte Chance. Und die sollten sie einer anderen Mannschaft überlassen? Spielern, die sie nicht einmal kannten? Es war im Team kaum Bereitschaft zu einem Verzicht zu erkennen. Welche Argumente hätte man auch vorbringen können, um der anderen Mannschaft das Auflaufen zu überlassen?

Die dreitägige Frist war abgelaufen. Trainer und Mannschaft trafen sich erneut in der Umkleidekabine. Bereits die ersten Wortmeldungen machten deutlich, dass ein Verzicht überhaupt nicht in Frage kam. Jedes Argument, das den eigenen Anspruch untermauerte, wurde mit beifälligem Gemurmel bedacht. Bis, ja bis sich Joris und Ansgar erhoben. Man merkte, dass es ihnen nicht leicht fiel, etwas zu sagen. Doch sie hatten sich gemeinsam darauf verständigt, und so begann Joris: „Ich habe einen kleinen Bruder, der behindert ist. Er kann einfach nicht alles mit- und nachmachen, was andere, Gleichaltrige, Jüngere und Ältere, können. Umso mehr freut er sich jedes Mal, wenn er dabei sein darf, mitspielen darf oder zu einer Unternehmung gefahren, getragen, geschoben wird. Er freut sich darüber tausend Mal mehr als alle anderen Kinder, die nicht behindert sind. Und so kann ich mir vorstellen, dass die behinderten Kinder der Inklusionsmannschaft noch viel, viel mehr Freude darüber empfinden würden, beim Einlaufen dabei zu sein, als wir anderen. Ich finde, wir sollten noch einmal darüber nachdenken, ob wir diesen behinderten Kindern nicht doch diese Freude bereiten können."

Betretenes Schweigen machte sich breit. Joris' Argumentation war ja nicht gänzlich von der Hand zu weisen, ganz im Gegenteil war sie kaum zu widerlegen.

Joris hatte sich wieder hingesetzt, nur noch Ansgar stand vor seiner Mannschaft. „Die meisten von euch wissen sicherlich, dass meine Familie nicht viel Geld hat. Deshalb wohnen wir auch in einer Straße, in der die Miete nicht allzu hoch ist. Dort wohnen aber auch viele Flüchtlinge. Mit einigen dieser Kinder habe ich mich angefreundet. Ich weiß, was für Leid sie in den letzten Jahren zum Teil haben über sich ergehen lassen müssen, auf wie viel sie haben verzichten müssen, was ihnen alles entgangen ist, was wir, zumeist selbstverständlich, entgegengenommen haben. Auch wenn wir keines der Flüchtlingskinder in der Integrationsmannschaft persönlich kennen, wird es so sein, dass sie auf Vieles, Vieles verzichtet haben müssen. Deshalb glaube ich, würde es ihnen eine ganz andere Freude als uns bereiten, wenn sie zur Einlaufmannschaft zählten. Ich wäre dazu bereit zu verzichten."

Der Trainer ließ einige Minuten verstreichen, in denen sehr intensiv und lautstark diskutiert wurde, bis er um Ruhe bat. „Ich denke, alle Argumente sind ausgetauscht. Es bleibt uns nichts anderes übrig, als abzustimmen. Ich bitte schon jetzt darum, dass der unterlegene Teil der Mannschaft das Abstimmungsergebnis mitträgt und wir gemeinsam die Integrations- und Inklusionsmannschaft über unsere Entscheidung unterrichten."

Das Ergebnis der Abstimmung fiel eindeutig aus. Von den 16

anwesenden Fußballern stimmten 10 für einen Verzicht, 4 wollten weiterhin auflaufen, 2 enthielten sich der Stimme. Aber alle gingen traurig nach Hause. Auch während der nächsten Trainingstage entging niemandem die bedrückte Stimmung. Hatten sie wirklich richtig entschieden? Die Saison neigte sich dem Ende entgegen, das letzte Bundesliga-Spiel sollte in drei Tagen stattfinden. Sie hatten sich darauf geeinigt, es gemeinsam vor dem Fernseher im Vereinsheim anzuschauen. Bis sie alle einen Anruf ihres Trainers erhielten, der jedem einzeln ein Schreiben des Bundesligisten vorlas. Darin hieß es: „Wir haben von eurem vorbildlichen Verhalten gehört. Eure Entscheidung verdient Respekt und Anerkennung. Wir haben deshalb entschieden, zum letzten Spiel mit zwei Auflaufmannschaften anzutreten. Ihr seid auf das herzlichste eingeladen."